中考热点作家

深度还原考场真题，感受语文阅读题的魅力
一书在手，阅读写作都不愁

让时光
朴素

沈俊峰／著

 中国出版集团有限公司

 世界图书出版公司
上海　西安　北京　广州

图书在版编目（CIP）数据

让时光朴素 / 沈俊峰著 . — 上海：上海世界图书
出版公司 , 2024.4
（中考热点作家 / 李继勇主编）
ISBN 978-7-5232-1101-4

Ⅰ．①让… Ⅱ．①沈… Ⅲ．①阅读课—中学—教学参
考资料 Ⅳ．① G634.333

中国国家版本馆 CIP 数据核字 (2024) 第 042924 号

书　　名	让时光朴素
	Rang Shiguang Pusu
著　　者	沈俊峰
责任编辑	吴柯茜
出版发行	上海世界图书出版公司
地　　址	上海市广中路 88 号 9-10 楼
邮　　编	200083
网　　址	http://www.wpcsh.com
经　　销	新华书店
印　　刷	天津市天玺印务有限公司
开　　本	700mm × 1000mm　1/16
印　　张	14
字　　数	174 千字
版　　次	2024 年 4 月第 1 版　　2024 年 4 月第 1 次印刷
书　　号	ISBN 978-7-5232-1101-4/G・834
定　　价	39.80 元

前　言

　　随着语文考试内容的改革，阅读的重要性逐渐凸显出来。近年来阅读题的比重在中考考试中不断加大，阅读内容也越来越丰富，天文、地理、历史、科技等均有涉及；同时，体裁呈现多样化，涵盖散文、戏剧、小说、新闻等。文章涵盖面越来越广，意味着对学生阅读能力的要求越来越高。所以我们应该清晰地认识到，阅读能力的高低直接影响分数，如果阅读能力不过关，那么考试成绩肯定不会理想。

　　"读不懂的文章，做不完的题"一直是中学生面临的难点和困境。这就要求学生不能停留在过去的刷刷考卷、做做练习题，或是阅读一两本课外书的阶段，而是要最大限度地提升阅读能力，理解文章作者和出题人的意图，只有让学生进行大量有针对性的阅读，才是最切实有效的方法。

　　语文知识体系的构建和语文素质的养成，既需要重视课堂学习，又需要重视课外积累。那课外积累应该怎么做呢？高质量的课外阅读是非常有效的，这已经成为提升学生"综合竞争力"的有效手段。因此，我们策划出版了"中考热点作家"课外阅读丛书，为广大中学生提供优质的课外读物。

　　这套系列丛书共10册，每册收录一位作者的作品，选取了该作者入选省级以上中考语文试卷、模拟卷阅读题的经典作品，以及该作者未入选但适合中学生阅读的作品，帮助学生扩大阅读面，对标中考。书中对每篇文章进行了赏析、点评和设题，能够助力学生阅读，有利于提升学生的文学素养、答题能力和答题速度。

本系列丛书收集了在国内中考语文试卷阅读题中经常出现的10位"热点作家"杜卫东、蒋建伟、刘成章、彭程、秦岭、沈俊峰、王若冰、杨文丰、张庆和、张行健的优秀作品。这些"热点作家"入选中考语文试卷阅读题的作品多以散文为主，他们的作品风格多样，内容丰富，但都具有很高的文学价值和浓郁的时代气息。这些作品不仅对中学生阅读鉴赏能力和写作水平的提升有促进作用，还对中学生的生活和学习具有启迪和指导意义，我们相信这套丛书会受到广大师生的喜爱和欢迎。

　　新中考背景下的语文学习，阅读要放在首要位置。事实上，今后的中考所有学科都会体现对语文水平的考查。不仅是语文试卷增加了阅读题的分量，其他学科也越来越注重对学生阅读理解能力的考查。提升阅读能力是一项任重道远的工作，重在培养兴趣，难在积累，贵在坚持。只要持之以恒，一定会有意想不到的收获。

目录
CONTENTS

第三辑　最美的笑容

第四辑　闭门问春

第一辑

默化成树

　　树这一生，其实就是与命运不断进行抗争的过程。所谓命运，大多时候是来自外界的威胁和压力。黑夜、寒暑、风雨、雪雹、雷电、大火、砍伐……都对它构成致命的威胁。但是树毫不畏惧，坚忍挺拔，汲天地之精华，以无言的力量，默然向上。

【2021—2022安徽省卓阳市卓南县中考语文模拟试卷】

阅读下面的文章，完成下列小题。（18分）

满楼灯火

①晚饭后，爸妈和我都想下楼走走，我妈说，去公园吧，好久没去了。

②公园与小区只隔一条马路，很辽阔的一个长方形，草坪、树木、花草、长椅，曲折的小路，舒适安静。

③要过马路了，我们站在斑马线边等。（甲）。我爸说，真怕过这条马路。

④终于，候到了一个空隙，两边都没有车了。我赶紧护在爸妈身旁，和他们一起过马路。爸牵着妈的手，急急地迈步，像是小跑。我说不要急，不要急。他们像是没听见，急急忙忙就到了对面，比我走得还快。

⑤天色已显昏暗，遛狗的，散步的，在草坪上打羽毛球的，安闲静谧。公园把城市的噪声吞没了。爸妈顺着小路往公园深处走，走得很慢。我顺着公园边缘的路往前慢跑。

⑥（丙）。跑到公园尽头，折回，转入公园深处。

⑦手机响了，我停下来，一边接电话，一边看着爸妈。爸近来

好忘事，走路双腿发沉，有点颤巍巍的。他们一前一后慢慢走着，说着什么。不远处的路边，有一条长椅，空着，爸妈走到那里，大概是累了，便在长椅上坐下了。

⑧我心里暖暖的，继续打电话。这时候，爸妈站起身，往家的方向走，走得很慢。

⑨可是，也就几句话的工夫吧，就看不见他们了。暮霭变得浓稠，公园里的人似乎多了起来，朦朦胧胧，人影幢幢。我慌了，急忙去追。以我的经验，车灯晃眼，让人难以判断车的远近，他们这个时候过马路是很危险的。

⑩沿途都没有看见爸妈的身影。（乙）。空气中有了些许秋凉。

⑪莫非爸妈已经回到了小区？我急急忙忙过了马路，跑进小区，跑进楼，进入电梯，一路上都没有看见他们。电梯里有一对老头老太，不是爸妈。我身后，急赶过来一对老头老太，也不是爸妈。四个老头老太见面打着热情的招呼，电梯里回荡着说笑声，但他们很快前后都下了电梯。

⑫电梯里只剩我一个人。升到楼层，急按门铃，无人应答。怎么还没有回来呢？莫非在小区的露天椅子上坐着？我没带钥匙，进不了门，于是急忙下楼去找。院里的小路和空地上，有健身器材，有小方桌和藤椅。我找了附近，没有找着，便坐在楼前的椅子上，瞄着楼下大堂。大堂里灯光通明，能清楚地看见进出的居民。

⑬等了好一会儿，一直没有看见爸妈。心急，无心再等，于是顺小路快速去找。小区的（丁），我顾不上欣赏，急走一圈，仍然没有看见爸妈。心中不免更急，想喊，又怕影响别人。于是换了另一条小道，一口气跑完，同样没有找到。找不见，心慌起来，从来也没有过的那种心慌。

⑭想打爸的手机，一想他肯定没带。他的手机几天难得响一次，还多是骚扰电话。开始，我爸不知道是骚扰电话，很认真地听，很多时候听不清楚，他慢悠悠的反应和语言，让那些打骚扰电话的人忍无

可忍，只好主动挂电话。我爸还嘀咕，这是谁呢，咋没说完就挂了？

⑮ 记忆中，找爸妈好像不是第一次，但是心慌却只有这一次。爸妈越来越老了，眼睛看不清了，耳朵听不清了，走路越来越慢了，尤其是过马路，真让人担心。

⑯ 心慌得失措、无助、恐惧，像是身在一望无垠的戈壁，或者是孤舟辽阔的海洋，一个人影也看不见。我甚至感到绝望，有一种走着走着就散了的苍凉。

⑰ 为什么要离开他们独自去跑步呢？寻找的路上，我自责，并告诫自己，今后，一定要多陪陪他们，再也不离开他们了。

⑱ 重新回到楼下，仰头望去，只见楼耸入云，分不清哪一扇是自家的窗。再一次往家里拨了固定电话，我爸接了，还是那样的大嗓门，说我们刚到家，你在哪？我一下子放下心来，笑了，泪水却模糊了双眼。

⑲ 此时，满楼的灯火，像繁星点点，灿烂一片。

1.伴随找寻父母的过程，"我"的心情急剧变化，依据原文，在表格空缺处填写恰当的内容。（5分）

地点	过程	"我"的心情
马路上	护着父母过马路	紧张
公园里	①＿＿＿＿＿	温暖
沿途	找寻爸妈的身影	②＿＿＿＿＿
楼前	③＿＿＿＿＿	心急，无心再等
另一条小道	继续找寻他们	从未有的心慌、无助、绝望、自责
楼下	④＿＿＿＿＿	⑤＿＿＿＿＿

2. 下面的两组句子分别出自原文，在文中的位置应该是：（4分）

（1）甲、乙两处分别是 _____ 和 _____。

A. 汽车都开了灯，呼啸着闪过

B. 这个地方没有红绿灯，汽车来来往往，开得发疯，对行人好像视若不见

（2）丙、丁两处分别是 _____ 和 _____。

A. 空气中飘扬着桂花的幽香

B. 几株桂花树开得正茂

3. 根据括号里的提示，赏析下面的句子。（4分）

（1）心慌得失措、无助、恐惧，像是身在一望无垠的戈壁，或者是孤舟辽阔的海洋，一个人影也看不见。（修辞手法）

_____

_____

（2）为什么要离开他们独自去跑步呢？寻找的路上，我自责，并告诫自己，今后，一定要多陪陪他们，再也不离开他们了。（描写方法）

_____

_____

4. 第⑭段用了什么叙述方式？起到了怎样的作用？（3分）

_____

_____

5. 阅读全文，说说第⑲段画线的句子在文中有什么作用。（2分）

_____

_____

名师带你读

默化成树

名师导读 ▶

树木虽随处可见，但它们无怨无悔、默默奉献、永不放弃的品质却让我们赞叹，令我们动容。在沈俊峰的笔下，这些树木像极了一个个英勇无畏的英雄，显得更加令人敬佩。而那些一身浩然正气的人们，不也正如这些树木一般吗？

❶ 采用排比的修辞手法，作者列举了不同地方的四种树木来突出自己对树木的喜爱，点明主题，引出了下文自己对树的感悟。

①我喜欢漫山遍野的森林，也喜欢荒漠戈壁的独木；我喜欢千年古树，也喜欢刚刚栽下的弱小树苗。面对一棵树，我常常情思八荒，心生崇敬。人与树，其实有着许多生命的相通。

树这一生，其实就是与命运不断进行抗争的过程。所谓命运，大多时候是来自外界的威胁和压力。黑夜、寒暑、风雨、雪雹、雷电、大火、砍伐……都对它构成致命的威胁。但是树毫不畏惧，坚忍挺拔，汲天地之精华，以无言的力量，默然向上。

尽管，树与树也有着天壤的区别，地肥水足，它会茁壮茂盛；土瘦地瘠，它会营养不良。①但树从来不会抱怨命运的不公，也从不会放弃自己的追求和努力，它以自己默然的坚持，尽情地展示生命的热情和美好。

那些荒郊野地自由生长的树，扎根泥土，顶天立地，无拘无束，却坚强无华。那些扎根陡峭山崖的树，勇敢无畏，挺身而出，大有"我不下地狱，谁下地狱"的英雄气概。这些树，它们的站立本身就是一道风景，给长行的旅人以精神的提携和抚慰。②它们或远或近，永远是那么自信，目光中满是祝福和笑意，给人以温暖和安宁。

风来了，它不会弯腰；雷电来了，它挺身遮挡；烈日下成荫，雨雪下成伞。春风来了，它心怀激荡；夏风来了，它热烈奔放；秋风来了，它成熟宁静，即使面对肃杀的寒风，它仍然不失滚烫的情怀，默默等待着来年的春天。

它对生活永远充满了正能量，永远不会屈服。有时，它们相拥取暖，编织森林；有时，它独木成林，但内心的强大足以让它抗拒任何的黑暗和孤独。这是弱者的智慧和力量。

③它有幸活了百年千年，枝繁叶茂之时，人们对它顶礼膜拜，奉为神明，但是它仍然默然无语，从不标榜自己的辉煌和丰功伟绩，一如既往地平和低调，养浩然正气，坦然面对命运的一切。

当它不幸成了木柴，它也会熊熊燃烧，用身体的光和热照亮世界、温暖人间，就连最后的灰烬，也会成为庄稼最忠诚的朋友。

❶ 此处作者表达了自己喜欢树的原因——树从不抱怨，默默坚持，生机勃勃。作者喜欢树，更喜欢树所表现出来的这种精神品质。

❷ 作者采用了拟人的修辞手法，将树木人格化，写出了那些屹立的树木给人的感受，表现出了树的自信和坚强，突出了温暖、安宁的氛围。

❸ 树木在艰难困苦时苦苦坚守，当它们荣誉加身的时候，依旧是低调、坦然的样子，不因困难而低头，也不因荣誉而骄傲，它们的品质从不因外界而改变。

① 此处进行过渡，从树木写到人，作者喜欢树，但又何止是树呢？他喜欢的更是那些如同树木一般，能忍受艰难，矢志不渝的人们啊。

这便是树！

① 记不清哪本书上有这句话，大意是，一个成熟的人为了目标和责任，可以忍受常人无法忍受的艰难困苦，甚至被毁灭，却矢志不渝。从这一点上来说，人与树是多么相像啊！历史上总有那么一些大写的人，屈原、司马迁、辛弃疾、苏武、谭嗣同、秋瑾……这长长一串闪光的名字，哪一个不像枝繁叶茂的大树而被后人景仰？！

我爱树，爱它的担当，爱它的无畏，爱它的无怨无悔，爱它的奉献一生。"我走了，与世无争，与谁也不争……"英国诗人兰德的这句话，也是树的誓言吗？

延伸思考

1. 文章开头的排比句有什么作用，请展开说说。

_____

_____

2. 作者笔下的树木有哪些美好的品质？

_____

_____

3. 文章最后为什么要写"我走了，与世无争，与谁也不争……"？请简要赏析。

_____

_____

今年三月三

我国有许多传统节日和传统风俗，其中，农历三月三也叫作"上巳节"，对我国西南地区的人们来说，是一个隆重的节日。让我们一起阅读下文，看看作者经历的三月三吧。

很小就认识艾，端午节，家家户户都折几枝插在门头上，驱邪避瘟。进了城，从菜市场买回来竖在门边上。后来，做过几次艾灸，觉得药用也不错。① 今年农历三月初三，第一次食艾，对艾便多了一层完全包容的奇妙体验。

按友人的说法，这天的艾要赶在太阳出来之前，以阳面山坡的为佳。忍不住心里嘀咕，有那么邪乎吗？想到苏东坡为王安石带水的事，又觉得就是那么"邪乎"。

苏东坡过长江三峡去找王安石，王安石让他取一壶中峡水带回来煮茶。苏东坡只顾赏景，到了三峡下

❶ 作者从小就认识了艾草，但以往都是用来辟邪、药用等，这次食用艾草有了新的体验，引出了下文。

① 王安石竟然能够通过饮茶发现用的是三峡中游的水还是下游的水，突显了这事的"邪乎"，也验证了万物有灵的道理。

② 作者运用比喻的修辞手法，将雷电比作顽皮的小男孩和小女孩，表现出了天空中电闪雷鸣延绵不绝的壮观景象。

③ 此处表现出了但姓同学对母亲的关心，看到这样的天气，赶紧发来微信要改时间，免得采艾时发生危险。

游才猛然想起，就取了一壶下游的水。<u>①结果，王安石一泡茶就皱了眉：你这水不是中峡的吧？上游的水湍急泡茶很浓，下游的水缓慢泡茶很淡，唯中游的水平稳，能泡出茶的本味。</u>想必苏东坡也觉得"邪乎"，这"邪乎"应该是天地万物的灵性所在，博大精深。

为了采到嫩艾，我做了多个准备。

那天也是巧，从凌晨两三点开始，闪电、滚雷就持续不断。惊醒后，不睁眼也能感受到窗外天空猛然间的烁亮。烁亮停顿两三秒，才传来轰轰隆隆的雷声。<u>②雷和闪电乐此不疲，热火朝天，像一个顽皮的小男孩在楼上不厌其烦地滚铁球，旁边的小女孩兴高采烈地擦亮火柴助兴。</u>有那么一会儿，我盯着天空想看个究竟，只见黑墨似的大山在闪电的瞬间，成为一幅壮丽的剪影，一下子就被震撼了。等了许久，终于听见"哗"的一声，暴雨从天而降，像有人将巨大的一盆天水突然倾倒在了地上。

紧接着，世界被雨严密无缝地淹没了。无数蜂鸣汇成的激荡的雨音，让我刹那有了一个黑夜苍茫的雄阔意象。

这么大的雨，且雷电交加，怎么去采艾呢？

头天下午，陈同学带我去看了一片艾地，只等凌晨去采。但姓同学给乡下老母亲打了电话，让其也帮着采点。现在的天气如此惊心动魄，老人自然不便出门。<u>③正担忧着，但姓同学的微信急急地飞来了：下雨了怎么整？等天晴再说吧。我笑了，毕竟是他亲娘。</u>

三月初三是上巳节，这是古人的称呼。那时候，人们会到水边举行祭礼，洗濯尘垢，消除不祥，称为祓禊，有去除旧秽、重新开始之意。那个场景应该是春光明媚、欢声笑语的，人人虔敬。现今早已没有这些讲究，有的甚至想不起来还有个上巳节。这一天，我的家乡有吃蒿子粑粑的习俗。

① 荒郊野地生长的野蒿，外形和气味都有点像艾，细辨之下，却有着不小的区别。蒿子性寒凉，也有祛病毒、驱蚊虫的功效。

蒿子粑粑是大别山霍山一带独有的风味小吃。以蒿子为主，配上米面、腊肉、蒜、姜、盐。② 将野蒿洗净，捣碎，用清水漂洗，除去涩汁异味，挤干水分，搓成团，再将腊肉煮熟，切成丁，以文火炒出油，然后将蒿子、米面及姜、蒜末等佐料放在一起，加水拌匀，做成粑粑状，或入锅蒸，或油煎。我喜欢油煎的蒿子粑粑，油晃晃，焦黄黄，香喷喷，味鲜色美。

或许有了野蒿，才没有食艾的习俗。又或许，艾草不像野蒿那么多，好采。所以，在大别山生活二十多年，至今也没有尝过艾草的滋味。

天还蒙蒙亮，便开车出发。雨像是知道我的心事，弱了许多，落在脸上也不那么凉，毕竟入春已久。车停在路边，淋着小雨走过去。穿过一片泥地，就到了河边那一片开阔的艾草地。③ 一簇一簇的艾草，紧密地抱团，簇与簇之间又离着生长的距离。再过些时日，艾草便会蓬勃生发，将这些空地填满。

艾草的清香扑面而来。难怪要采这一天的嫩艾呢，果然是阳气盈盈。

艾草还多是细茎，从每簇中挑选几根壮实的掐了，不大一会儿，就掐了大半纸袋。不知不觉间，雨停了，天色敞亮起来。山间晨雾缭绕，河水哗哗地流淌。

回程时，太阳悄然出来，满眼皆是清新翠绿。门

❶ 此处讲述了野蒿和艾草的区别，虽然两者乍一看有些相像，但是功效和特性都不一样。

❷ 此处为动作描写，作者采用了一系列的动词生动具体地写出了制作蒿子粑粑的过程，表现了蒿子粑粑的美味，以及自己对蒿子粑粑的喜爱。

❸ 此处为环境描写，交代了"我"和朋友活动的环境，展现出艾草茂盛、繁多，充满生机的特点。

前的院子、碎石小径已经干干爽爽。这天真好，说下就下，说晴就晴。此时，张姓同学也打来电话，说他早锻炼时，在路边采了一些艾叶，让赶快去取。

①本想包馄饨的，但菜市场里只能买到饺子皮，便包了饺子，连汤带水地吃了。还是第一次吃艾草馅的饺子。艾香淡淡的，没有端午时节的厚重。这是一个奇妙的享受，从口腔到胃，再到心底，都弥漫着艾香。让我想起屈原笔下的各种香草。

住在乡下，终于清楚季节的本真了。之前生活在城里，沦陷于反季节食物中，总是将春夏秋冬过得稀里糊涂，过成了一条直线。离大自然越来越远了，对祖先积累下来的生存智慧便知之甚少，感受更少，甚至不知道或模糊了哪个季节该收获哪些东西。这真是一个幸福的迷茫或误区。总觉得，顺应自然才会健康，所谓的运气，也应该是从运用天地之气才开始向好的。

②初次食艾，算是亲近自然、走近传统的开始吧。

之后几天，将同学送来的几十棵艾都栽在了院子里。来年，艾会蓬勃生发起来，那时，只在院子里采就是。

① 作者叙述了食艾的过程，和开篇相照应，使文章前后更加连贯、完整。表现出了作者食艾时的愉悦。

② 叙述了作者初次食艾的感受和意义，照应前文作者初次食艾有了完全包容的奇妙体验的部分。

延伸思考

1. 作者为什么要写王安石让苏东坡取中峡水来泡茶的事情？

_____

_____

2.赏析"天还蒙蒙亮，便开车出发"这句话。

_____

_____

3.通过食艾，作者悟出了什么道理？

_____

_____

让时光朴素

名师导读 ▶

　　沈俊峰先生喜欢朴素、平静的人生时光，他以买菜为一大乐事，喜欢食素。他认为过度的享乐会给人们带来灾难，人们会为此付出代价，因此呼吁人们懂得节制，爱护我们的家园。

　　今年春夏，我住在乡下，买菜成了一大乐事。

　　小镇的菜市场并不小，菜摊、肉摊从早摆到晚，和城里一样，却有一种大棚的轻薄寡淡味。带给我快乐的是那些临时的小菜摊。

　　多是妇女和老太太临时来赶早市，一个接一个，应季蔬菜摆在面前。① 香椿、苋菜、蚕豆、豌豆、空心菜、豆角、丝瓜、西红柿……像是季节的花布衫，鲜亮水灵。这些人对土地有感情，一天不莳弄土地就难受，种的菜吃不完，拿来换几个零花钱。

　　菜极便宜。挑选几样，花几块钱就够我吃上两三天。

① 作者对这些应季蔬菜一一道来，如数家珍。同时他运用比喻的修辞手法，将香椿、苋菜等比作花布衫，突出了蔬菜的新鲜和水嫩，让人在平凡中感到幸福。

买了菜就走，对荤肉不望一眼。亲友们多不解：营养够吗？

①我笑而不答，我行我素。

这么多年，大鱼大肉没少吃，贪婪地吃，碰上对胃口的能吃得弯不下腰。能吃是福，是好事。那些出土文物鼎彝等铜器上的饕餮纹，说明古人对这种获食动物的崇拜。

从前，吃是大问题，对食物的渴望成了生命的本能和全部意义。现在衣食无忧。

在这个美食时代，观念早已天翻地覆。从前被我妈骂过、令我深感耻辱的"吃货"二字，如今成了对美食家的褒奖。

②吃得太多，身体明显变化，胖了，懒了，还吃成了脂肪肝、高脂血症。环顾四周，像我一样吃出病来的比比皆是。可还是忍不住吃，即使陷入亚健康或不健康的沼泽，也顾不上那么多了。

对于我来说，更喜欢那些生长在土里，经受过雨露阳光的食物，那些繁花似锦、自然生长的植物，足以支撑我的身体。大快朵颐，满嘴流油，不过是满足了口腹之欲。

食素让我有了一点一滴的变化，身体轻快清爽，心中善良悲悯。少肉多素，或干脆素食朝天，越来越健康。③这让我明白，无论物质何等富足，哪怕家有金山，一个人需要的，也就是这么多。多了，就是负担。没有节制，放任自流终是苦。

有人以为自己一生都在认识、改造世界，其实不过是在认识、改造自己。搞懂了自己，才能搞懂世界。但是，一个人从出生到老去，真的那么容易搞懂自

❶ 此处承上启下，引出了下文作者对营养、对食物的看法。

❷ 都说能吃是福，但如今生活好了，人们却吃得太多，太不健康，反而得了病。"沼泽"一词更是突出了人们深陷其中无法自拔的情况。

❸ 作者从食素中获益，明白了深刻的道理。人只要满足需求就可以，如果没有节制，不知满足，就反而会受害。

己吗？

　　傍晚散步，见路边一户人家炊烟袅袅，刹时静住。很多年没有见过这曾被无数文人歌咏赞美过的炊烟了。以前，家家户户烧柴火，放学我就上山去砍柴、搂松毛。母亲最忙，人口多，做饭洗衣，都是体力活。我最大的愿望是母亲能从繁重的家务劳动中解放出来。如今，不用砍柴，农村也用上了液化气，电饭锅、洗衣机、电冰箱、空调、电热水壶，豆浆机、电动牙刷……^①甚至，有了可以自动擦屁股的马桶，以后，会有机器人喂饭吗？

　　高铁四通八达，飞机航线密如蛛网，地球成了一个小村落……现代人真是享福，但这肯定还不是最享福的。未来，究竟还会怎样享福呢？躺着不动，饭来张口衣来伸手，或者，心一想事就成……我无法想象。^②过度享受，是会付出代价的。

　　如今全球变暖，南极有了绿色藻类构成的"绿雪"，北极的冰，也在慢慢融化。五十年后，如果地球升温三四摄氏度，随之出现的热浪，让世界上许多地方都不再适合人类居住，赤道附近的农业损失殆尽。更让我惊悚的是，科学家判断：当升温到某个程度，地球会自动反应，开始强化升温。谁能知道，地球自动反应会反应到一个什么状态呢？

　　这个令人恐怖的时刻，也许离我们并不遥远。

　　曾经以为，节约水电、使用环保产品、回收资源……就能保护家园，这有用却不是根本，就像大街上的清洁工只能跟在后面捡垃圾而无法杜绝人们扔垃圾。尊崇大自然，回向诗意的栖居，不破坏大气层的自我调节能力，这才是本质。

① 如今的科技越来越先进，生活越来越方便，作者却对此感到一丝担忧。这样下去人们会不会越来越懒散？

② 作者阐述观点，认为过度享受会付出代价，引出了后文大自然对人类的报复，告诫人们享乐应该适度。

① 太平洋上，一个岛国总统的话让我流泪，他说："请给我的孙子找一个栖身之处吧。"是的，地球如果坏了，我们的栖身之处在哪?

❶ 作者转述一个岛国总统的话来表明自己的观点：人类应当尊重、爱护大自然，我们的享受不应该以破坏自然为代价，这样才能拥有持久的幸福。

延伸思考

1. 如何理解"可还是忍不住吃，即使陷入亚健康或不健康的沼泽，也顾不上那么多了"这句话?

_____

_____

2. 作者原来最大的愿望是母亲能从繁重的家务劳动中解放出来，现在为什么担心人过度享受?

_____

_____

3. "这个令人恐怖的时刻，也许离我们并不遥远"这句话有什么作用?

_____

_____

智慧有时就是简单

名师导读▶

在本文中，沈俊峰讲述了名赋《七发》的创作背景和所产生的影响，劝诫人们要常读《七发》，洁身自好，守住内心的纯净。

❶ 两千多年前的名赋《七发》对后世产生了巨大的影响，半个多世纪的时间，它被屡屡提起，可见它的价值超越了时间的限制。

❷ 作者看到纪念馆里面的银杏，就忍不住想起《七发》，引出了下文对《七发》的介绍。

①两千多年前，淮阴人枚乘创作了一篇名赋《七发》，对后世影响很大。半个多世纪以来，《七发》多次被提起，却是因为其内容和题旨切中时弊，可古为今用。可见，有价值的东西绝不会被时光湮没。

此前，曾有幸到江苏淮安的"枚乘故里"进行文学采风。在枚乘纪念馆的院子里，屹立着一棵一千多年的银杏，虽然苍老的枝杈已被截去，但是那粗壮的树干仍然呈现出顽强的生命力。②见到这棵银杏，脑海中便情不自禁浮现出枚乘和他的《七发》。

枚乘在文学上的主要成就是辞赋，《汉书·艺文志》著录"枚乘赋九篇"。汉武帝刘彻小时候就听人讲过枚乘和他的《七发》，并且将《七发》背得滚瓜烂熟，承位以后，特地派遣使者专程赶到淮安，以安车蒲轮迎接枚乘去长安。可惜枚乘年事已高，不堪路途风霜，不幸在途中逝去。

地方诸侯王及其太子们生活的腐朽败落，是枚乘创作《七发》的社会历史背景。枚乘在《七发》中，假借楚太子有病，吴客前去探望时两人的对话表达自己的观点。在吴客眼里，正值少壮之年的太子因为贪图享乐，长期缺少节制，以致邪气侵身，凝结堵塞，心力衰弱，耳目昏乱，精神涣散，已是重病缠身，有着性命之虞。① 为了拯救楚太子，吴客以音乐、饮食、车马、游宴、田猎、观涛、论道七事，来启发楚太子树立正确的人生态度，即不沉溺于安逸享乐，警惕物质充实、心灵空虚衰弱。经过一番令人拍案叫绝的宏阔大论，楚太子最终扶案而起，出了一身透汗，病症顿消。

这篇劝诫膏粱子弟的千古奇文，如晨钟暮鼓，沁人心脾，落人肺腑，堪为醒世箴言，人间药石。

孟子曰："君子之泽，五世而斩。"千百年来，"五世而斩"似乎成了一个绕不过去的社会铁律。和平时期，最容易让人懈怠松弛，许多人因此放松了进取，却放纵了欲望，沉溺于骄奢淫逸，就像那个楚太子，既腐朽了自己的身心，也成为社会腐败堕落的顽疾。② "五世而斩"真的是一个绕不过去的铁律吗？当然不是。

习近平总书记曾说："西汉枚乘在《七发》中讲过一个引人深思的故事，楚太子生病，吴客诊断其病源为精神萎靡，开出的药方是学习探讨'要言妙道'，用道德调理自身，慢慢'阳气见于眉宇之间'，最后'霍

❶ 作者介绍了枚乘创作《七发》的背景和原因，告诫人们不要贪图享乐，不要光注重物质丰富而不在意心灵的充实。

❷ 采用设问的修辞手法，通过自问自答的方式增强语气，引出近现代社会对《七发》的态度。

19

然病已'。全面从严治党，既要靠治标，猛药去疴，重典治乱；也要靠治本，涵养文化，守住为政之本。"

① 回溯历史，半个多世纪前的 1959 年 8 月，《七发》也受到毛泽东的高度重视。毛泽东专门写了一篇短文《关于枚乘〈七发〉》，配上《七发》原文，作为八届八中全会文件印发，在全国掀起了一阵《七发》热。毛泽东说："枚乘所说，有些像我们的办法，对犯错误的同志，大喝一声：你的病重极了，不治将死。然后，病人几天，或者几星期，或者几个月睡不着觉，心烦意乱，坐卧不宁。这样一来，就有希望了。"

这么多年来，"猛药去疴，重典治乱"，反腐败斗争始终不懈地进行着。

② 为什么一些人还要顶风冒险，心存侥幸，千方百计触犯纪律，去追求无休无止的物质享乐？这些人视纪律为一种束缚，感觉缚在身上很难受，便想方设法去摆脱。结果摆脱了束缚，却付出了沉重的代价，换来了悔恨。为何不换个角度看世界？纪律其实是对自身的一种保护，坚守了，洁身自好了，便能避开歪门邪道和各种"妖魔鬼怪"的侵袭。内心生发的能量，不是被动地接受，而是主动地出击，可以自觉地不断修复身心之漏，远离红线之戒。戒而能定，定而能生发智慧。遵纪守法何尝不是一种持"戒"？虽然简单，又何尝不是一种人生的大智慧？

③ 常读《七发》，时常醒醒神儿，保持健康身心。守住内心，才得进取。

① 讲述了《七发》对近现代的重大影响，毛泽东也对《七发》高度重视，再次证明了《七发》的警示作用。

② 作者提到了一些心存侥幸的人，在这里提出疑问，吸引读者的注意力，引出对人们的告诫。

③ 篇末总结全文，讲述了常读《七发》的好处，告诉人们要经常阅读《七发》，守住内心的清醒和健康。

延伸思考

1. 作者在文中提到的简单的智慧是什么?

_____

_____

2. 赏析"这篇劝诫膏粱子弟的千古奇文,如晨钟暮鼓,沁人心脾,落人肺腑,堪为醒世箴言,人间药石"这句话。

_____

_____

3. 文中进行了多次引用,说说引用有什么好处。

_____

_____

香染时光

名师导读 ▶

　　中华民族有着悠久的用香历史，许久以前，我们就有了熏香。香不仅能用于熏衣，用于祭祀，也能用于防疫，用于陶冶人的情操。点燃一炷香，享受静谧时光，是再惬意不过的了。

❶ 作者叙述了书香之美及如今有书无香之憾，引出了主题，渲染了安静、舒适的氛围。

　　①一炷青烟，袅然生发，空灵曼妙，香气弥漫。展纸翻书，顿有书香之美。书与香，历来形影相伴，合在一起才是圆满。然而多年来似乎只有书，香无影了。

　　爱香，是人的天性。说起香，许多人的第一反应是祭祀和宗教。其实在古代，祭祀、宗教与生活用香一直是并辔而行的。

　　早期祭祀，是燃香蒿、燔烧柴木或烧燎祭品。甲骨文记载了殷商时期"手执燃木"的"祡（柴）祭"。《诗经·生民》记述周人的祖先在祭祀中使用"萧"（香蒿）。六千多年前的湖南城头山遗址和上海崧泽遗址，呈现了燔烧物品的"燎祭"。

① 至于生活用香，佐证则更多。流行于汉晋时期的熏炉"博山炉"，既有铜炉，也有早期的陶瓷炉。西汉，生活用香更是迅猛发展。东汉前期，有了沉香、青木香、苏合香、鸡舌香等香药种类。至北宋，已是"巷陌飘香"了。

香文化源远流长。华夏子孙世世代代的孜孜以求，是"香火永续""万古流芳"，这也是中华文化延续的根脉所在。

② 我至爱的香，是那种以天然香料制作成的线香或盘香。以香为伴，每天点数根，即使睡觉，也点上一根祛邪避瘟香。

香成了生活中的一个重要伴侣。认识香，爱上香，得益于朋友行巧。作为一名香文化传承人和追求者，行巧每天在网上播发的香文化知识或心得，让我心动。

"我在大学开有香文化课，有兴趣可以来听听。"行巧说。那天，我去了，和十几名学生一起学会了做篆香。学会并不难，心静却不容易，做篆香其实也是一种修身养性。

③ 香，可以养德培根、怡情养性、祛瘟辟邪……《荀子·礼论》中说："刍豢稻粱，五味调香，所以养口也。椒兰芬苾，所以养鼻也……故礼者养也。"用香要多观烟，多品味、气、韵，味气韵会成就心中的敬、净、静，静能生慧。懂香、识香，用香久了，就会从中受益，让身心有所改变。最初的中药不是饮汁，是装入袋中挂在身上的，服气治病。香气仍然有着这样的功效，当然也治未病。

这让我明白，通经开窍、智慧通达，许多都是生活和大自然本身的馈赠，慧心之人会躬身拾取，感恩

❶ 此处进行过渡，起到承上启下的作用，引出下文早期的生活用香的佐证。

❷ 每天数根，睡觉也不忘点上香，可见作者对香的喜爱已经到了痴迷的地步，香已经成了他生活的一部分。

❸ 作者引用《荀子·礼论》中的言论来增加自己的话语的可信度，表现出了香的作用繁多，能够令人身心受益。

喜受。

行巧送我几盒香，介绍香的品性。"真正的香是可以吃的。"行巧折了一小段放在嘴里嚼起来，以实证这纯是天然植物香，不添加任何化学成分，看得我目瞪口呆。

每次点上一支香，看它姿容万千，便有一丝奇妙的情怀涌上心头。①<u>每一次品到的香，都是唯一的一次感受，从未有过重复，就像这个世界上根本找不到两枚相同的树叶</u>。我觉得这一缕幽香，是从远古飘来的，沧海桑田，穿朝历代，幽通古今，染香了无尽的岁月时光。

经常用香的人，应该也能染上一些香气。人之香气，应是源心而发，慈悲、无邪、不贪，正阳充溢。黄庭坚曾赋予香十德："感格鬼神，清净身心，能拂污秽，能觉睡眠，静中成友，尘里偷闲，多而不厌，寡而为足，久藏不朽，常用无碍。"

②<u>行巧说，香可以度人，自己从老师那里拿来的香，只是半成品，要和传播香文化的人和合，再和用香人和合，才是它完整的功效</u>。这些话，需慢慢地用心去细致体会。只是长期浸泡于都市的车水马龙，眼耳鼻舌身意都变得迟钝厚重了，改变是一个漫长的过程。

那天，心静神闲，篆了一炉琼瑶香，点燃后，拍照发到了网上。有个湖北朋友见了，说她买的香点不着，问哪里能找到好香。我便让湖北朋友与行巧直接联系。③<u>几天后，湖北朋友一头雾水地告诉我，行巧只介绍香，介绍香文化</u>。行巧却对我说："不懂香的人，根本不会受益，不受益，用香有何意义？"

今年春节前，行巧又送我几盒香，还特意交代，

❶ 每次点香，作者的感受都不尽相同，从来没有重复过。以没有完全一样的树叶为喻，更突出了香的独一无二。

❷ 作者通过转述朋友行巧的话，表现出真正的用香之道。想要真正体会到香，就需要用心，要懂得香，才能真正体会香。

❸ 解释了行巧只向湖北朋友介绍香和香文化却不卖香的原因。行巧的话和前文用香人和合才能发挥香完整功效的内容相照应。

寄一盒祛疫避瘟香给我那位湖北朋友，不知道为何单单交代要给湖北朋友寄这样的香。利用熏香祛疫避瘟，是《本草纲目》等经典的推崇。

①《尚书·君陈》曰："至治馨香，感于神明；黍稷非馨，明德惟馨。"明德惟馨，这才是香文化的精华吧。

❶ 篇末总结全文，引用《尚书·君陈》中的言论来对香文化进行总结，升华主题。

延伸思考

1. 从古至今，香的作用有很多。香主要有哪些作用呢?

_____

_____

2. 行巧为什么只向湖北朋友介绍香和香文化，却不把香卖给湖北朋友?

_____

_____

3. 文章最后说："明德惟馨，这才是香文化的精华吧。"说说这句话的含义。

_____

_____

坐这里看一年的雨

名师导读 ▶

　　雨对于我们来说是很常见的，看到雨滴落下，你是什么样的心情呢？烦躁、无聊，抑或是轻松、愉悦？沈俊峰专门装修了一座房子，在那看了一年的雨，雨洗涤了他的心灵，带他找回了灵魂最深处的东西。

❶ 开门见山，介绍了事情发生的地点，描写出了房子的样子。

①房子装修好了，楼上楼下，带一个院子，视野开阔，青山环抱。这是军工企业留下来的老房，已历四五十年风雨的工业遗址，但是，红砖、房梁、椽子仍然结实，一如那个年代独具的真诚，如今，稍作打扮，便现了时尚容颜。

　　不曾想到，这个当年生产炮弹的地方，如今成了艺术部落。这让我想起211基地遗址，建了一座王洛宾音乐艺术纪念馆，让人进门就想放歌："在那遥远的地方……"生活总是充满了错落有致的意味。

❷ 此处为过渡句，起承上启下的作用，引出后文作者要专门弄这样一个地方的原因。

②家人和朋友多有不解，当年出了山，现在为啥

又要进山，还花钱弄这么一个地方？

画家、书法家、作家天南海北地聚在这个艺术部落，像当年五湖四海的工人聚在这里为国家燃烧激情。这个当年极其隐蔽、偏僻的山沟沟，原来风景、水和空气也是极其地妙好，更有难觅的清静，没有辜负"仙人冲"这个名字。

装修公司建议将院子做成水泥地面，这样，雨天不带泥沙，院子干净，屋里也干净。我坚持原样的泥沙地，接地气。他们不知道，站在院子的刹那，那熟悉的透气感便奔腾袭来，让我沉迷。是的，可以在这里让心透透气儿，我要坐这里看雨，看一年的雨。① 雨是通天接地的精灵。

喜欢这山里的雨，或浓密，或疏淡，或瓢泼，或是只能感觉到的牛毛细雨，笔直或倾斜，噼里啪啦，淅淅沥沥，或者只是无声无息的迷蒙一片的烟雨世界。泥土、浮尘一丝丝一星星被冲走，像水一样沉潜无影。晶莹洁净的沙石，踩上去沙沙脆响，像是做一个有趣的游戏。小时候就喜欢这样看雨、听雨，心静，静如一片蔚蓝无痕的天。

② 山里雨多，有雨，我坐这里看雨，无雨，我看太阳，太阳不出来，我看天，或者，看山枯水瘦，看绿肥水涨，看漫野山花，看翠竹似海。坐于寂静，天地在心，正气盈胸，不让欲望如植物一般无顶地疯长。

为啥要看一年的雨？因为四季雨不同，形态、色泽、声音、气味……都不同，冬天也会变成白雪。一年的雨让四季清晰分明，再也不模糊。在城里游走这么多年，已经听不清雨声，看不清雨容，分不清四季的植物，在人为设定的轨道上，被高楼与嘈杂包裹，被刺激或

❶ 作者将雨滴比作精灵，用比喻的修辞手法生动地描写出了雨滴的可爱、灵动，表现出了作者对雨的喜爱之情。

❷ 介绍了作者在这座房子一年四季所看的景象，看雨，看太阳，看天，看山，看水，看山野竹林，天地景色尽收眼底。

❶ 作者引用梭罗的话语解释了生活的真理，灵魂是不需要购买的，也无法购买的，灵魂才是最宝贵的东西。

裹挟，茫然麻木，生发出莫名之欲，成为负担，许多时候，丢了生活的本真，也丢掉了灵魂中最宝贵的东西。①记得《瓦尔登湖》的作者梭罗说过，多余的财富只能购买多余的东西，灵魂不需要花钱购买。如今，能花钱购买的东西实在太多，以至于忘记了还有不需要花钱购买的东西……

坐这里看雨，看一年的雨，含胸拔背，感知四季，听天地之音，触觉大地体温，明心见性，让心成为无声的水，静而无念。佛家说，在深度的安静中可以看见过去未来。作为凡人，倒是可以看见自己的心。

❷ 作者通过朋友的话语引出对人生的思考，有些人随着岁月变得苍老，有些人却随着岁月找到自我，这时候身体的衰老也就无足轻重了。

②一个修行的朋友告诉我，岁月有两种度过的方式，一是老去，二是成长，成长会自动忽略老去，而一个人的老去却是因为心的无力。我当然选择成长。心在跳动，怎么能眼睁睁地看着它老去呢？

坐这里看雨，看一年的雨，将脑袋清空。清空了，才有可能装进别样的东西，那些不需要花钱购买的别样的东西。

延伸思考

1. 作者为什么选择在这样一个地方看雨？

_____

_____

2. 文章中说到生活中有很多东西是不需要用钱购买的，请你举例说说有哪些东西。

_____

_____

3. 文章最后说的"将脑袋清空"和"装进别样的东西"是指什么？

_____

_____

过年了

春节是中国民间最为看重的节日之一，沈俊峰亦是如此。他尤其喜欢除夕。他在冬天寻找着太阳，寻找着梦想，激动地迎来一个个新的一年。

❶ 作者开门见山，点明文章主题，直抒胸臆，表达了对过年的喜爱，对除夕的喜爱，引出下文。

❷ 烟火、春联、祝福、飞雪，作者虽没有具体描写过年的场景，却通过这几个词抓住了过年的重要特征，将欢快的年展现了出来。

①从小到大，都喜欢过年，尤其喜欢除夕那一天。

那一天，总会涌起莫名的激动和生命的光芒。仿佛一个暖暖的诱惑，笑在遥远的前方。等待的时刻，钟摆若止，世界静谧，能听见自己怦怦的心跳。神圣或者崇高，在心河无声地流淌。来路和前方，又一次热血沸腾，又一次如山壮阔。接下来的日子，却一次又一次被现实清于平淡。年复一年，梦起梦灭，跬步前行。

②隐约的烟火、春联、祝福，一次次校正脚下的航向。青葱漫漫，飞雪沉寂，时光堆积，四季满囤，每一天，每一步，终不负天月星光。

从小到大，都喜欢在冬天奔跑。

天寒地冻，风凛冽，物萧条，或者冰雪覆盖，世界"真相大白"。在这个多彩又坚硬的世界，似乎寻到了英雄的豪迈。热烈的喘息，嚓嚓的脚步，都是相伴的鼓声。大地、高山、荒原、冰河，奔跑而过。冬的尖锐、蜕变和生死涅槃，化成了奔跑的诗行。脚下的沉寂，是聚集的热能，等待着春天的来临。

①人生应该是奔着太阳去的。即使夕阳，也是火一般的热情，有着不灭的冀望。梦，永远奔跑在追寻的路上。这一年的奔跑，这一冬的奔跑，都是为了年的一刻——奔跑者的太阳。

❶ 太阳就如同我们的希望和目标，我们的梦想，我们一路奔跑，一路朝着我们的梦想而努力，中间也许辛苦万分，但都是为了实现我们的梦想。

这个冬夜，想去附近的湖边走走。

寒风强劲，一阵一阵的，从颈脖和脚脖一齐钻进衣服里，透心的凉。浩瀚的水，泛着亮光，欢笑着扭曲了霓虹的跳跃。

往前走，从来不会退缩。有那么一会儿，浑身的热度似乎都没有了。有时候就是这样，像掀了盖子的一屉热气腾腾的包子。但，那只是瞬间的苍凉。

谁能避开冬天呢？②杨绛说，不读书不足以了解人生，后来却发现，不了解人生，其实读不懂书。波光摇曳，有人在大声地唱：我是个蒸不烂、煮不熟、捶不扁、炒不爆、响当当一粒铜豌豆。

❷ 作者引用杨绛的话来表明读书的重要性，并引出自己的观点：不真正经历人生，了解人生，其实并不会明白书中的道理。

曲折之岸，走了大半就热了。是自己走热的。

这个除夕，也是立春的日子。

延伸思考

1. "有时候就是这样，像掀了盖子的一屉热气腾腾的包子。"这句话用了什么修辞？有什么好处？

_____

_____

2. 文中为什么要写到歌词"我是个蒸不烂、煮不熟、捶不扁、炒不爆、响当当一粒铜豌豆"有什么用意？

_____

_____

3. 文章最后写到"这个除夕，也是立春的日子"有什么用意？

_____

_____

第二辑　龙港寻梦

　　地域之变有时候比人的变化还要有趣。若没有龙港之行，我哪里会知道浙江温州之平阳、苍南、龙港，原来有着这么深厚的血肉之情呢？大地泰然，却也有孕育的新生和成长的离合。天高地厚，割不断大地的深情。

作家带你练

【2019 年江苏省南通市如皋市中考语文一模试卷】
阅读下面的文章，完成下列各题。（21 分）

水

一

那个时候，我还不可能知道这个世界上有哲学家说过"亲水是人的自然本性"，但是，我用行动印证了这句话的正确。

那个时候，我也根本不知道中外著名哲学家曾对水的重要性作过如此的描述，"万物本源是水"，"水者何也？万物之本源，诸生之宗室也"。原来水是这么重要！

今天，当我置身于繁华都市，站在小区不远的河边，望着这条整日流淌着黑水、脏水、污水、臭水的古老又著名的河；或者，当我回到家乡，看到那条曾经哗哗歌唱的河从此断了欢乐的音符，河床被野草、杂树、乱石占满之时，我才更加感受到先哲的深刻、震撼。眼前的水，我已经无法再亲近了。

<u>许多水，甭说亲近，连伸手摸一下的欲望都没有，甚至让人望而生惧。</u>

许多水，被污染了。

站在时代的高坡，我非常庆幸，曾经拥有一条清澈、快乐的河，那是我寄情身心、让欢乐自由飞翔的精神家园。

"逝者如斯夫"的那条河，流淌于孔子心里，也流淌于华夏子孙的心里，流淌了两千多年，并注定要流向远方和未来、流向永恒。那是中华民族的精神之河！我踩着岁月的落叶，回味、追寻那条滋润我灵魂、放飞我梦想的故乡之河……

二

不由得想起那个时候。只能想起那个时候。

那个时候，我混沌无知，尚不谙世事，但每一个毛孔都飞扬着快乐。那条河，名字太大众，叫桃源河，距我家不远，从大山中蜿蜒而来，水清透底，经年不息。河弯积聚的水潭像一口硕大的水塘，深且静，几乎看不出它的流动。奔向水潭的水，哗哗地流淌，到了水潭，便无声地静默，宛若一个人的静思。待出了水潭，又是哗哗地流淌，涌起雪白的浪花，奔向远方。

青山、绿竹、山柳、草滩、怪石，一簇簇、一片片的，错落有致，漫布两岸，融入水声、鸟鸣、牛哞……蓝天下、青山怀抱中，声色辉映，赏心悦目，清神悦耳。

时值盛夏，我们奔向河水，游泳、捉鱼、逮虾。我们比赛潜水，在水里，能看清水底五彩斑斓的石头、水草和游鱼。有时候，我们故意找一块颜色和形态奇异的石头，远远地抛进深水，看谁能最快捞出来。

暑假里的每个午后，我们都会"泡"在河里，忘记了吃饭，忘记了回家。常常是日薄西山，大人们走到河边，大声吆喝，每每这时，我们就会异想天开，如果有个无线步话机就好了，无论走到哪里，大人们喊一句，我们都能听到。

现在，手机、汽车都有了，住上了高楼，天天有肉吃，但是，在奋勇向前的时光的车轮下，我们怀念青春，怀念曾经的快乐和梦想，更怀念那纯净的河水……

怀念，是因为失去，有多少"过去"值得"现在"的怀念？

三

每次回到山里，我都要去河边，沿着河边走走。遗憾的是，那条河愈来愈瘦，水越来越少，甚至多处断流。岸边的农田被建成了广场，那一大片竹子、柳树不见了，代之而起的是一排排房子，我们常常戏水的水湾，成了一个荒芜的水沟，荆棘树丛上结了蜘蛛网。以前听说人能养房，房子如果没有人住，就会塌损，现在看来，一条河里如果没有孩子的玩耍和笑声，也就失去了活力和美丽的容颜吧？

站在河边，世事沧桑，时光如水，恍然如梦。

"沧浪之水清兮，可以濯我缨；沧浪之水浊兮，可以濯我足。"这首上古时期的童谣，早已言明了水之德、人之性。有了水，生命蓬勃，万物化洁。

这就是水！

不敢想象，如果没有了水，如果没有了纯净的水，高傲的人类会是什么光景？！

（摘自《光明日报》2015 年 10 月 16 日，本文有删节）

1. 将第一部分画线的文字中能够直接体现作者对水的情感的两个词语写在下面。（2分）

_____

_____

2.结合全文内容，说说你对第二部分开头加点的句子的理解。（4分）

_____

_____

3.第二部分结尾对"怀念"的感慨和反问，揭示了又一层怎样的哲理？
（4分）

_____

_____

4.结合全文内容和生活实际，请尝试着回答文章结尾提出的问题，并说说你从中获得怎样的启示。（5分）

_____

_____

5.寓情于景，言为心声。试比较下面写水的片段，与本文第二部分写水的着眼点和表达的情感有什么不同。（6分）

　　那水呢，不但不结冰，倒反在绿萍上冒着点热气，水藻真绿，把终年贮蓄的绿色全拿出来了。天儿越晴，水藻越绿，就凭这些绿的精神，水也不忍得冻上，况且那些长枝的垂柳还要在水里照个影儿呢！看吧，由澄清的河水慢慢往上看吧，空中，半空中，天上，自上而下全是那么清亮，那么蓝汪汪的，整个的是块空灵的蓝水晶。这块水晶里，包着红屋顶，黄草山，像地毯上的小团花的灰色树影。

（选自老舍《济南的冬天》）

_____

_____

_____

_____

到永和看黄河

名师导读

　　黄河是我们的母亲河，流经多个省市，波涛汹涌，气势磅礴，具有别样的壮观之美。沈俊峰去永和欣赏到的黄河却似乎和人们想象中的有所不同，让我们一起阅读文章，看看究竟是怎么一回事吧！

❶ 引用名句来表达出黄河九曲连环的特点，同时点明去永和的原因——乾坤湾此处的风景格外壮美。

　　去永和，一直存有份私心。以前看过乾坤湾的照片，被那大美震撼，从此无法忘记。① "天下黄河九十九道湾，最美不过乾坤湾。"

　　从地图上看，黄河自兰州北上，奔至内蒙古，转身从准格尔南下，在大地上游走了一个无与伦比的"几"字，然后在陕西潼关附近继续东进，归入大海。

①黄河南下有六十八公里流经永和，或许是对永和的厚爱和恩典，由北向南留下了七道大湾：英雄湾、永和关湾、郭家山湾、河浍里湾、白家山湾、仙人湾、于家咀湾，这七道湾像雄伟、壮阔的长龙，统称为乾坤湾。

为什么会叫乾坤湾呢？

我径直去了仙人湾。站上山巅，眼前是一派黄土高坡的世界，被绿植皴染得清清亮亮。黄河就在山下，我站立的山脚下。②浩荡、辽阔、温驯、沉静、飘逸，像一条柔软的绸带，从峡谷间无声涌出，然后，飞扬出一个舒缓的大湾。大湾几乎形成了一个巨大的圆，在即将亲密合拢之时，却调皮地转身远去，连手也没有挥一下。碧空尽，天际流，唯见苍茫身影。诗仙说"黄河之水天上来"，可此情此景，分明是"黄河之水天上回"了！

我能看见眼前的仙人湾，却又清晰地看见了一个完整的乾坤湾。特写与全景，交替出现在脑海。站在这里，谁都会把自己融入这天地之情。我兴奋地拍了许多照片，然后迫不及待地发到了网上。做完这一切，我坐在一块石头上，静静地看黄河。我想把自己坐成一块石头。这么安静的黄河，我应该有一颗安静的心，才能懂她。

③很快，有人留言问我：黄河怎么没有咆哮呢？

是的，这个朋友和我一样，记忆中的黄河是咆哮的。"风在吼，马在叫，黄河在咆哮"，咆哮的经典或许是壶口瀑布，我还没有去过，但是，脑海中却有着无数次的记忆和贮藏，奔腾、怒吼、不屈不挠、勇往直前，黄河似乎就是这个样子。我所站的这个山巅上，

❶ 此处介绍了乾坤湾的组成，乾坤湾并不是一个湾，而是由七道大湾组成的，显得更加壮阔、雄伟。

❷ 此处采用了比喻的修辞手法，将黄河比作柔软的绸带，生动地写出了黄河的沉静、温驯。"涌出""飞扬"等词使文章富有动态的美感。

❸ 此处为过渡句，起承上启下的作用，引出人们印象中咆哮的黄河。用他人的疑问引起读者的好奇。

矗立着一块伤痕累累的巨石，镌刻着诗人光未然的诗句："我站在高山之巅，望黄河滚滚，奔向东南。惊涛澎湃，掀起万丈狂澜；浊流宛转，结成九曲连环；从昆仑山下奔向黄海之边……"

① 然而，我眼前的黄河是安静的，沉默、静思、不动声色，就像拥抱着她的山川大地、黄土高坡，厚德载物，大爱无言，怜爱苍生。这应该是黄河的另外一种性情。一方水土养育一方人，黄河的性情也代表了她的子民，咆哮过，但是更多的却是静默和思索。而我们却往往忽视了她的静默和思索。

可是，我还是看到了她当初寻找道路的急迫、艰难、张皇，甚至是慌不择路，以及舍命拼杀。她以求生向死的决心和力量，刺破一路上重重大山的围困，搏出了一条曲折而光明的大道，有了希望。这磅礴壮美的七道湾，不就是她在绝望中左冲右突的见证吗？乾坤湾的大美，也正是她艰难而闪光的足迹。她把喜怒哀乐都写在了脸上，真实，真诚。对大地忠诚，对子民忠诚。我相信真诚的力量。真诚包含了什么呢？真，肝胆相照；诚，推心置腹、不遮风云。

② 忽然觉得黄河变得抽象起来，像一个符号，代表了苦难和沧桑，也代表了力量和信仰，苍老得像失去了时间概念的远古歌谣。有多苍老呢？我无法想象，据说是一百六十多万年。然而，这个符号一直在心里，就像她的姊妹长江，让人心中踏实。此刻，她以水的柔情，再一次征服了我的灵魂。我看着她，她也在看着我，彼此无言，却似心有灵犀。我明白了，为什么每次面对黄河，我都会莫名地激动……

"从哪里能下到黄河去呢？"我很想跳进黄河，感

---

❶ 作者面前的黄河安静、沉默，和人们印象中的截然不同，但这样的黄河显得深沉、慈爱，它滋养了苍生。一方水土养育一方人，黄河的性情也代表了她的子民，咆哮过，但是更多的却是静默和思索。

❷ 作者采用比喻的修辞手法，将黄河比作符号，黄河的苦难正如同过去中华民族的苦难，而我们也和黄河一样奔腾，在苦难中寻找希望。

受她胸怀的温暖。让我惊喜的是，于家咀湾就有一条沙石公路，可以直接将汽车开到黄河边上。

我还是第一次这么近距离地站在黄河边上，倾听她的喘息和血脉的律动。① 她是那么伟岸和雄阔，我又是那么渺小，不值一提。我激动，不敢下水，在岸边徘徊。河滩上有一片大大小小的石头，被冲刷得圆圆润润。无法想象这些石头的生命长久，唯有感动和敬畏。我捡起一个比拳头大些的河卵石，上面有一幅水墨山水般的图案，像一幅江山写意图。我如获至宝，决定把它带回家。因为看见它，我就像在黄河的怀抱里，不再孤寒。

① 站在黄河边上，面对着我们的母亲河，人在此时显得是多么渺小，而黄河在比较之下则显得更加壮阔。

脱了鞋袜，小心翼翼地趟进黄河。那个感觉，真是奇妙。

② 都说跳进黄河洗不清，如果心中透亮，怎会洗不清呢？

② 通过反问的句式来表达出作者内心的疑惑，只要心中是明澈的，那么我们的身体便也干净，就不会有洗不干净的时候。

浅水处裸露出一块长条形的沙滩。走上去，柔软湿滑，细腻如粉。脚埋进去，轻轻晃动，细沙会在水的作用下，悠悠颤颤，像极了细嫩的豆腐脑儿。忽地明白，这哪里是细沙，分明是沙面，是河水沉淀下来的细面一样的沙，那该有多细啊。走在河滩上，一双脚像是被丝绸包裹了，又像是踏在丝绸的地毯上。

③ 我和同伴都下了水，快乐如孩童，在水面上来回走，在沙面上来回走，不知疲倦，撩水、嘶喊、欢笑、跳跃，引得岸上的人也一起跟着欢笑。我试探着想往深处走，可是那幽深和流速，让我霎时间清醒：这是举世无双的黄河！

③ 生动形象地写出了"我"和同伴在黄河中嬉戏玩闹的欢乐场景，烘托了愉悦、热闹、轻松的氛围。

河面上，有槐花的清香盈盈飘来，那是永和的槐花。有遥远的歌声袅袅传来，那是黄河的歌谣。有坚硬的

❶ 此处和前文相照应，虽未明说，但表达了作者对黄河的喜爱和欣赏之情。作者呼吁人们去永和看黄河，去领略黄河所蕴含的智慧。

温暖涌上心头，那是黄河的真诚。

①到永和去看黄河吧。一个"和"字，穷尽了天下智慧，多少大书能解释得了？但是，乾坤湾自会给你答案。

延伸思考

1. 赏析"可是，我还是看到了她当初寻找道路的急迫、艰难、张皇，甚至是慌不择路，以及舍命拼杀"这句话。

_____

_____

2. 说说"这磅礴壮美的七道湾，不就是她在绝望中左冲右突的见证吗"的含义。

_____

_____

3. 为什么作者对河滩上的石头感到感动和敬畏？

_____

_____

福鼎拾爱

名师导读 ▶

　　这是一篇游记散文，讲述了沈俊峰在福建福鼎的所见所闻。里面写到了太姥山千姿百态的石头，福鼎回味悠长的白茶，嵛山岛纯净的湖与山，无一不令人心生向往，下面就让我们一起去看看吧！

太姥石

　　① 太姥山的石头太有意思了，光光滑滑的，从漫山遍野的绿色世界里，活活泼泼地挺身而出，叠罗汉一般紧紧地聚拢在一起，直指苍穹，努力向上、向天、向太阳。

　　站在山脚下仰望，那姿态，那气势，让我目瞪口呆，脑海中顿时浮现出一幅有关雨花台的英雄群像。我默默地驻足了许久。

　　② 太姥山的石头打动我了。

❶ 形象生动地写出了太姥山石头的样子，突出了石头光滑、紧凑、气势磅礴的特点。

❷ 短短一句，直抒胸臆，作者站在山脚，看着气势冲天的太姥山的石头觉得无比震撼。

这些柔和圆润的临天巨石，想必是得益于时间与大海的万古垂青，才有了如此的壮阔和慈悲吧？渺小如我，唯有感叹这大自然的奇石聚峰的神力。

① 石峰聚云，云涌石罅，若隐若现，如梦如幻。太姥山得天独厚，望尽东海，果真是人间的海上仙都。

登山的路在哪里呢？顺着小道走上去，原来是在林间、在石间、在云间，曲曲折折，高高低低，左转右旋。往往像是行至尽头了，转眼又是柳暗花明。长长的一线天，九曲回廊的栈道，一个一个的惊喜持续着攀登的希望。

忽然明白，我只是在行走，早有人开辟了这脚下的险途。

② 太姥山的风韵，有黄山的影子，也有天柱山的神韵。如果说黄山、天柱山是一部皇皇巨著，那么，太姥山就是一部精致简约的经典，捧在手里轻巧，阅读起来省力。我总是喜欢随身带着这么一本经典。

山前山后的攀爬，不过两万来步，但是付出的辛劳远非步数可计。初夏的天，阳光炽烈，令人大汗淋漓，然绿荫处处、海风习习、湖水幽幽，时时被凉爽深深地爱抚着，还是非常惬意。

走在幽深的栈道上，很想捡一块太姥山的石头。

我爱捡石头，捡各地有特点的石头。山西永和乾坤湾黄河水边的石头苍黄黑纹，湖北神农架野人谷的石头赭红白线，大别山白马尖的石头青灰蓝靛……放在家里，时不时把玩，就会想到石头身后的山川人文、天地阴晴。

然而，一路走下来，并没有看见合适的石头，太姥山的石头像是连着根的一个整体，团结一致，岿然

❶ 作者用了一连串的四字词来表现太姥山的石峰和石间的云，形象生动，使文章更加优美，彰显了作者深厚的文学功底。

❷ 将太姥山与黄山、天柱山相比较，突出了太姥山独有的风韵，虽然太姥山没有其他两座山那般高耸、雄壮，但景色丰富，并不逊色。

不动，偶尔遇见一个小块的石头，则多是棱角分明，锋利如刃，终于作罢。

这或许就是太姥山的个性吧。

① 太姥山的石头，我只能留在心里了。

白 茶

我是在茶乡长大的，六安瓜片、霍山黄芽是我的最爱。后来到北京生活，渐渐也喝了红茶、黑茶，只是数量极少，算是一个点缀，换换口味。白茶却没有正儿八经地喝过。

到了福鼎，晓得是白茶的故乡，顿感亲切，像是一下子被茶香包围了。

② 早晨起来，出门闲走，见宾馆大门口放着两只巨缸，栽着两棵青春勃发的"福鼎大毫茶"，树龄都在五十年左右，标明茶树"植株高大、芽叶肥壮、带银色茸毛"，其习性"抗逆性强、持嫩性强、耐旱、耐寒"。不觉莞尔，不愧是茶乡啊。

走廊的墙上，挂着一些袖珍书法，凑近了看，有一幅赵朴初的《吃茶去》："七碗受至味，一壶得真趣。空持百千偈，不如吃茶去。"赵朴初是安徽太湖人，与我同乡，还同属大别山区，都是产茶的地方。他对茶的喜爱，应该也是自小被茶香熏到骨子里的那种，又是佛教界的领袖人物，对茶禅一味自有独到的心解。"空持百千偈，不如吃茶去"，吃茶对他是如此的重要。

③ 于是会心一笑，那就吃茶去，吃茶去。

登上大荒森林茶山，不是常见的梯田似的层层茶山，茶树是栽在山野之中的，混迹于花草、荆棘和森

❶ 结尾抒情，表达了对太姥山石头的喜爱。虽然"我"无法带走太姥山的石头，但是"我"的心中永远记得这些石头。

❷ 作者只是随便走走便看到了宾馆门口树龄五十年左右的两棵茶树，可见福鼎处处是茶树，不愧是茶乡。

❸ 来到茶乡，吃茶便必不可少。此处承上启下，进行过渡，引出了下文作者品白茶的经历。

45

林中，若说是野茶也不为过。这品质，自然是带着大自然的不羁的淳厚和野香。

就在那山岭上，树荫、草亭下，海风轻拂，品尝姑娘们泡的白茶。白茶，诗意的名字，品一口，绵软淡香，回味悠长。①唇红齿白的茶姑娘自豪地告诉我，世界白茶在中国，中国白茶在福鼎。

❶ 通过转述茶姑娘的话语，展现了她对福鼎白茶的自信和骄傲：中国福鼎的白茶是世界最好的白茶。

我笑着用脚尖顿了顿脚，她笑得更欢了，脸上罩满了红晕。

在一张卡片上，我写下了自己的名字，然后将卡片系在一株茶树上。这株茶树算是被我认领了。它戴着我的名字，在雨露阳光、寒来暑往中，欢欢地生长。每年的早春，是它奉献的最美的时候。不负春光不负卿。

欣喜地和那株茶树留了影，然后挥手告别，不知怎的，心中便多了一分牵挂。

今生今世，我不抽烟不喝酒，茶却是少不得的。

来年，是否还能相见？

嵛山岛

乘海船半个小时，就到了嵛山岛。

嵛山岛有什么呢？

没想到，上了岛，就喜欢上了。②用"爱不释手"来形容嵛山岛，显然词不达意，也不合适，可是我当时就是这样的感觉。感觉，有时候就是精怪精怪的，甚至不可思议。

❷ "爱不释手"这个词虽然可能并不合适，但是却充分地表现出了作者对嵛山岛那控制不住的浓厚的喜爱之情。

出乎意料，岛上安安静静地卧着天湖和月湖，两个湖都盛着清清澈澈的淡水。湖与山的洁净和安详，让人恍如身在西藏。

岛上有淡水，才方便了居民的生活。当然，因为淡水，在过去漫长的岁月中，也引来了大量的海盗。

登上一座抛物线似的山坡，满眼的大草甸子，漫山遍野长满了密密的芒草，给人的感觉，像是到了青海或大兴安岭的草原。

不远处就是大海，海风忽轻忽重，草浪或徐或疾，波纹似的从远处滚荡开来，一直到达脚下。人站在山岭上，被海风一吹，便有了一种凛然屹立的豪气。

①当地人这样描述：芒草茂盛绵柔，随着春夏秋冬的季节变换，或青或绿或灰或黄，枯荣颜色适时转换，美不胜收。可惜，我只能感受这眼前的初夏了。白云飘荡的蓝天、风姿绰约的山、清澈隽永的湖、翩翩起舞的草、苍茫无垠的海，色彩浮动，相映成画。

顺着缓坡走下去，一直走到天湖边上，掬起一捧水，清清爽爽，果然甘甜。这山坡看着没有多远，走起来才知道深遥。坡底，几匹马正旁若无人地悠闲吃草，看也不看我一眼。它们是自由的，主人不管它们，大海管着它们。

夜宿月亮湾，也是难忘。②山坡上的小木屋，错错落落。夜色中的海，闪耀着暖暖昧昧的亮光，透露出无边的空旷。海潮一声一声地轰鸣着，倾诉着对海岸陆地的无尽依恋。

那一夜，听着涛声，竟激动得夜不能寐。像我这样远距大海的人，一生中能有几天拥有这样的涛声入梦呢？

凌晨时分，下起了雨。不停息的倾盆暴雨，伴随着闪电滚雷，像是痛痛快快地发泄了一番爱的情绪。直到我们吃罢早饭，上了车，才雨霁天晴，笑脸相送。

❶ 从当地人的描述可以看出嵛山岛的芒草一年四季都有不同的景致。而作者看到的嵛山岛的初夏之景也是格外丰富，难怪说嵛山岛多姿多容了。

❷ 通过细腻的环境描写，生动具体地写出了夜晚时月亮湾那美丽、静谧、若隐若现的景色，渲染了空旷、宁静的氛围。

所幸，这一昼夜，该经历的都经历了，该见识的都见识了。

① 嵛山岛，就是这么多姿多容，让我难以忘怀。

❶ 篇末总结，再次点明嵛山岛多姿多容的特点，抒发了作者对嵛山岛的喜爱、赞叹和留恋之情。

延伸思考

1. 太姥山的石头有什么样的特点？

_____

_____

2. 文中写道："我笑着用脚尖顿了顿脚，她笑得更欢了，脸上罩满了红晕。""我"的动作是什么意思？

_____

_____

3. 作者在嵛山岛听着涛声入睡，为什么会夜不成寐？

_____

_____

行走大别山

名师导读 ▶

　　大别山承载着无数先辈的鲜血和汗水，记载着当年沉重的历史和奋斗的脚步，大别山的人踏实肯干、吃苦耐劳，值得我们敬佩。沈俊峰行走在大别山，感受到大别山的精神。

　　为了明天能过上好日子，他们不怕流血牺牲；为了大家能过上好日子，他们不惜背井离乡。今天，我们再一次回首，注视一眼他们，检视一眼我们的内心……

　　①无风，太阳火辣辣的，连绵起伏的山峦和一块块田地，铺展了一个绿色盎然的世界。汽车安静地穿行于蜿蜒山路，我心却波涛激荡，一遍遍这样感慨，激动又凝重。

　　今年 6 月至 9 月，我先后四次乘高铁从北京至合肥，然后驾驶亲戚的汽车，一头扎进莽莽苍苍的大别山，完成中国作协批准的赴革命老区金寨县深入生活的创作项目。

❶ 此处为环境描写，交代了这一路的风景，表现出了天气的炎热、干燥，使环境更有典型性。

❶ 作者简单介绍了大别山独特的地理位置及大别山的东西、南北距离，令读者加深了解。

❷ 通过"十万""五十九位"两个数据生动具体地写出了金寨县参加革命的人数之多，英雄人物之多，令人感叹。

❸ 这段历史不应被人遗忘，金寨县人民为国家所做出的贡献在历史长河中闪闪发光，他们应该被人牢记。

①大别山坐落于鄂豫皖三省交界，东西绵延约三百八十公里，南北宽约一百七十五公里，西望武汉，东守合肥、南京，地理位置独特。当年，这里爆发了黄麻、立夏节、六霍三大起义，诞生了红三十一、三十二、三十三师三支红军队伍，有两百多万人参军参战，创立了鄂豫皖苏区，孕育了红一军、红四军、红二十五军、红二十七军、红二十八军和红四方面军。

金寨县三个沉甸甸的"十万"，必将铭记于中国革命与建设的光辉史册。②当年，该县有十万英雄儿女参军参战，走出了洪学智、皮定均等五十九位开国将军，被誉为"红军摇篮、将军故乡"，是新中国第二大将军县。

1951年，毛泽东主席发出"一定要把淮河修好"的伟大号召，随即，在淮河中上游地段的大别山霍山、金寨、舒城三县，先后修建了佛子岭、梅山、龙河口、响洪甸、磨子潭五大治淮骨干水库工程，总蓄水量五十多亿立方米，其中响洪甸水库蓄水量最大，达二十七亿立方米。为了修建水库，金寨县淹没了十万亩良田、十四万亩经济林和三大经济重镇，并为此移民十万人。

③这一段光辉的历史，应该从岁月的深处打捞出来，在历史的土壤中扎根开花。

今夏尤其酷热。烈日当头，站一会儿就会大汗淋漓。我在金寨、霍山、六安裕安区、岳西、英山等地转悠，参观六安革命博物馆、金寨县革命博物馆、西镇暴动纪念馆、立夏节起义旧址、豫东南道委道区苏维埃政府旧址、红二十八军旧址等纪念圣地。我明白，那些几多变化的区域划分对于那段历史来说，已经没有什么实际意义，立夏节起义和六霍起义中的许多暴动地点，许多英雄人物，多在六安、霍山、金寨，多是土生土长，那是整个鄂豫皖苏区的重要组成部分，它的背景之框是当时的整个中国。

我在霍山长大，读书、生活、工作，前后二十多年。<u>①上小学时多次祭扫过革命烈士墓，听到过许多革命故事，在废毁的碉堡附近挖到过子弹壳，数过小镇老街门框上悬挂的一块挨一块"革命烈属"牌匾，后来建起的一座英雄纪念碑就在我家附近的山头上，每天都能看到。</u>我自感已经非常熟悉那段红色历史文化了，但是今年长时间、全身心的采访和体验，却发现自己并非真正地熟悉，过去的认识肤浅于表面。<u>②当听到一位党史专家说"霍山地下将军多，金寨地上将军多"时，我感到震惊、难过。这一片红色的土地，可谓是山山埋忠骨，岭岭皆丰碑。</u>

历史没有假如。这块土地上众多人的流血、牺牲和奉献，令人感慨、敬仰。这一切是为了什么呢？这个问题回答起来其实很简单，但是在今天再一次设问，却变成了沉甸甸的话题，因为，许多人忘记了初心。

麻埠镇是一个千年古镇，因为修建水库，早已沉入百米深的水下。麻埠镇的移民占了全县移民的半数以上。我走村串户，采访了许多群众。那些七八十岁、甚至九十多岁的老人，几乎个个都有精彩的人生故事。那些听老一辈人故事长大的年轻人，说起移民的故事，也能将当年的艰辛还原在我的眼前。他们当年背井离乡所遭受的艰辛困苦，为新中国的建设做出的近乎无偿的奉献，让人有一种久违的感动。<u>③问一个老大娘，当年为什么一说让移民立马就搬迁移民了呢？老大娘说，毛主席让我们移我们就移了。</u>

❶ "我"从小在霍山长大，祭扫过很多次烈士墓，也听过很多革命故事，甚至挖到过子弹壳，而这无一处不在为过去的历史作证。

❷ 此处引用专家的话语表现出了霍山死去的英雄人物之多，令人既感到敬佩又忍不住为此悲叹。

❸ 通过老大娘的话语表现出移民们对毛泽东主席的信任和尊敬，也表现出了他们为国家大义而牺牲个人小利的精神。

那天早饭后,继续去农家采访。农家多居鲜花岭街,街建在斜坡上,此时天下大雨,流水无声地奔涌,深能覆脚。从一户人家出来,我只好立在房檐下,等雨变小。山水的特点,涨得快,消得也快。但是,此刻的雨却没有停歇的意思,像憋足了劲儿,一口气要将酷暑彻底驱赶似的。最终还是等不及,拣水浅处,上了停在街对面的车,两只鞋在欢蹦乱跳中弄得透湿。

街下,就是青山绿水。^①<u>水被近处的山遮挡着,不宽阔,却深沉,源远流长。转过眼前的山,水面变得辽阔起来。从地图上看,那一片盘根错节在山间的蓝色水域,特别显眼。这就是著名的响洪甸水库。</u>

乘快艇飞驰,去寻找、打捞当年的时光。水像一面镜子,在狭长的山弯,照绿了自己。到了那一片辽阔水域,大水又照蓝了自己。伸手掬一把,清爽爽的纯净。^②<u>看着眼前漫山遍野的大水,想象着那巍然屹立的水库大坝,恰如一把钢筋水泥浇铸的巨锁,牢牢锁住了这群山之间的大水,蓄放自如,调节淮河水位,旱涝无惧,就此驯服了曾经泛滥任性的淮河。</u>真是一坝当关,万水莫开啊。耳边便传来当年千军万马修建水库的号子声、马嘶声、汽车的马达声,还有风吹山野的猎猎涛声。

当年参与修建响洪甸水库的甘姓老人,已经九十四岁了,得知我去采访,早早就在小区附近的凉亭里坐等。他的思维仍然敏捷,话语仍然清晰,让人感叹这养人的明山丽水。

这样身心融入大山阔水的采访,面对面听山民聊天谈心,真像是沙里淘金,那些令人难忘的故事总会在不经意间绽放在记忆的深处。那些留下许多空白的

① 作者介绍了响洪甸水库实际的样子和地图上的标注,引出了下文作者看着水域所回忆的历史。

② 通过比喻的修辞手法,生动地写出了水库大坝的坚固,它锁住了肆意的大水,把水从灾难变成了资源。

叙述，让我的想象扩充了历史的缝隙，像秋野的玉米棒子，呈现出立体而饱满的可爱。我相信，双脚能丈量出精彩的文字。

①如今，曾经多灾多难、贫穷落后的大别山革命老区，早已换了新颜。这青山包裹的绿水，成了下游人民生活用水的源头，一切讲究环保。这里是名茶六安瓜片的核心产区，镇里有名优茶基地两万亩，茶叶专业合作社一百三十多家，齐山牌六安瓜片曾在中国芜湖（国际）茶博会上获"茶王"称号。当地农民依靠茶和水，绝大多数走上了富裕之路。

❶ 此处采用了对比的手法，将过去多灾多难、贫穷落后的大别山老区和如今的样子作对比，突出了变化之大。

这片崇山峻岭，战争年代冲杀过千军万马，现在却装着千水万水。

桂花村有一棵一千二百多年的桂花树，是亚洲桂花王。这棵树，千年沧桑尽收眼底，遑论百年的风云变幻？去年冬天的一个后半夜，大雪压断了桂花王精壮的一枝，削去了树冠的三分之一，但是那树冠仍然遮云蔽日，蓬勃散开，八九根毛竹竖在地上，支撑着她旁逸斜出的苍老枝干。年年花香，今又花香。

我的故事，将聚在这棵桂花王的身边，彩蝶般翩翩起舞。

延伸思考

1. 作者在文章中多次运用了具体的数字，这样写有什么好处？

_____

_____

2. 作者回首过往,主要写了哪几件事情?

_____

_____

3. 作者将大别山的过去和现在进行对比,有什么用意?

_____

_____

再登白马尖

　　几年前，沈俊峰因为体力问题没能登上白马尖，只能遗憾而回。这次，他早早就按捺不住，约了同学去爬白马尖，这一路又会是怎样的场景呢？来一起阅读下文吧！

　　正月十三，约了两个同学去爬白马尖。[①]"太早了吧？过了元宵节再说，现在的山也没有什么好看的。"同学有点不情愿。他们哪知我的心，早已是春风关不住了。疫情下的生活让我明白，有梦抓紧做，有愿抓紧圆，不要犹豫，否则，就有可能会成为一个永远的遗憾。

　　几年前，满怀信心去登白马尖，大雨中体力不支，只能铩羽而归。我这个在大别山长大的人，为此耿耿于怀，发誓要圆了这个愿。

　　从霍山县城出发，走大别山旅游通道，一路顺畅如行云流水。早春二月，山上光秃秃的，黑黢黢的，

❶ 通过同学不情愿的话语表现出"我"的急切，此时去看白马尖的风景时间还很早，但"我"已经等不及了。

❶ 早春时节，山还是光秃秃的，突然看到盛开的桃花，令人感到惊喜和愉悦。

❷ 两个同学都觉得"我"不可能登上山顶，因此也只是象征性地过来陪伴罢了，连穿着都显得随意。

❸ 作者和同学一边爬山，一边有了感悟，觉得人生中的消极其实是为了躲避困难，正因为不敢面对，才会敷衍过去。

就连苍松翠竹也黯淡了。①忽地看见山坡上盛开着一簇簇一团团的桃花，气势活泼动人。这是野桃花。封山育林这么多年，在映山红开花之前，会出现这么多的野桃花，填充了山野的空旷和寂寞，着实是一个惊喜。远远望去，野桃花像黑夜中绽放的烟花，绚烂如霞，将我春风激荡的心潮一波一浪地抛向无垠的天空。

②到了山脚下，才知道两个同学对我是"三心二意"，一个穿着皮鞋打算只陪我至山脚，压根儿就没有想要爬山；另一个打算象征性地爬一段，觉得我根本不能登顶。是的，五十多岁了，膝盖有了时光之锈，难免不让人生疑。但是，他们没想到我这次下了大决心。

一番鼓励，甚至激将，大家一起上山。石阶铺砌的山道，像楼梯，登上去轻松多了。累了就歇一会儿，歇好了继续上行。身边的猪头尖高耸入云，不去管它，只管埋头往上。人生到了这个年龄，会变得不急不躁，有的是耐心。说说笑笑中，也不觉得太累。遇到转折处提示的陡峭、缓坡，只管拣缓坡处走。不知不觉中，发现猪头尖已经在我们的脚下了。

这小小的成就让人兴奋，再也无人轻言放弃，于是狠力坚持，继续攀爬。③一边爬山，一边感叹生活就像登山。许多时候的消极，其实是懒惰，是躲避，是自我放逸，大好时光就在昏沉中逝去了。"昏沉"二字，真是大妙。

这俩同学古文基础好，热衷过写作，后来放弃了，前几年想捡起来，又觉得晚了，就这样犹犹豫豫的。其实，哪里晚呢？好饭不怕晚，人这一辈子，做什么都不晚，因为做一天就会有一天的收获。力量在心，收获也在心。鸡蛋从外面打破是食物，从里面打破则是一个鲜活的生命……

　　山峦、村庄、白云……每一步都是景，每一步都是春，每一步也都是心的修行。临近中午，终于登上了白马尖。

　　①心情一下子放松了，那种成就感是别人无法体会的。"会当凌绝顶，一览众山小。"看看这壮美的大别山，感恩这片山水、这辽阔的天空，正是我此行的心愿。有人以为凌顶就是征服，为什么要想着征服而不是想着感恩呢？"征服"多有杀气，少有慈悲，有什么好？

　　②东汉，洛阳建了中国第一座佛教寺院——白马寺。山无寺无名，寺无山不灵，印度高僧设想在中华大地的南方找一座山，以让白马寺依山而建，于是命名大别山主峰为白马尖。北有白马寺，南有白马尖，山与寺虽相距六百多公里，然佛法无边，也算是依山而建。

　　白马尖上，有人用石头砌成了著名的"1777"字样。这是白马尖的海拔高度，也是登临者的高度，却远不是心的高度。

❶ 作者引用唐代诗人杜甫所写的《望岳》中的诗句，抒发了自己登上山顶后的愉悦和豪迈，表现出作者此时的成就感。

❷ 介绍了白马尖名字的由来，白马尖和白马寺相辅相成，缺少了任何一个便要少上许多韵味。

延伸思考

1. 作者写爬山为什么要写到野桃花？

_____

_____

2. 作者为什么要写同学热衷过写作，后来放弃了，前几年想捡起来的事情？

_____

_____

3. 为什么结尾说 1777 米是登临者的高度，却远不是心的高度？

_____

_____

龙港寻梦

名师导读

　　小小的一座海滨城市，短短的两三天时光，沈俊峰竟寻到了自己的梦。让我们一起阅读下文，跟随作者展开一段神奇的龙港之旅吧！

　　行走的愉悦，在于补充心智能量、焕发生命激情。①今年8月初，我去了一趟海滨小城龙港，短暂的两天三夜，有着梦如花开般的奇妙感受。那几天热得像下火，我心里却痛快如秋凉。这是一个怎样的龙港，又是一个怎样的梦呢？

一

　　②龙港很小，2019年8月之前，它还是苍南县一个港口镇；1984年之前，世界上还没有这个龙港，现在龙港所在的位置，只有一个沟壑纵横、荒凉一片的港湾和五个"灯不明、水不清、路不平"的小渔村；

① 时间虽然短暂，但是作者却有着格外美妙的感受，引起读者的好奇。

② 此处介绍了龙港的地理位置，使人了解了它的大致情况。龙港面积小，1984年以后才建立。

而 1981 年之前，世界上还没有苍南县。

一百六十多万人口的超级大县平阳以"地大人多，行政领导力所不及，经济落后，地区之间很不平衡，经济结构复杂，山海之利不能得到发挥，民族语言结构不一，山区老区建设不快，群众生活仍很困难"的悲壮理由，直接促成了苍南县的破壳而出、分县而治。

一穷二白的苍南县急于发展，在鳌江南岸设立了沿江港区，开发全县的物资集散中心，这样才有了龙港。

① 龙港镇不负众望，历经三十多年的不懈追求和迅猛发展，成为全国综合实力千强镇第十七名，是一个典型的"经济学霸"。于是，龙港镇轻轻挥手，作别苍南的云彩，一跃成为龙港市，与苍南成了兄弟。

2020 年 8 月，龙港市刚满周岁，像婴儿，像晨起的太阳，一切都是刚刚开始。

地域之变有时候比人的变化还要有趣。若没有龙港之行，我哪里会知道浙江温州之平阳、苍南、龙港，原来有着这么深厚的血肉之情呢？大地泰然，却也有孕育的新生和成长的离合。天高地厚，割不断大地的深情。

② 从村到镇，从镇到市，一步一个脚印，龙港人骨子里透露出来的，是敢为天下先的精神和孜孜以求的真诚。当然，风雨坎坷、泪水鲜花、守诚智慧，这其中的艰辛和成功，也唯有龙港人自知。改革开放成就了龙港奇迹。当年，数万农民怀抱热情和渴望，离土离乡，迁入自己创造的龙港"城"，才有了"中国第一座农民城"。这么多年来，龙港先后又增加了"中国印刷城""中国礼品城""中国印刷材料交易中心""中国台挂历集散中心"四张"国字号"金名片。每个名片，都是金光闪闪。

❶ 此处介绍了龙港镇近三十年来的历史，它从原来什么都没有的一个镇变成了市，突出了发展速度之快。

❷ 龙港能够从村到镇，从镇到市，离不开每一位龙岗人的努力，他们有敢于尝试的勇气和勇于创新的精神，有孜孜以求的诚恳。

①龙港的前世今生，像极了改革开放年代里呈现出的普遍的人生，一步一个脚印，从冬走到春，从春走到秋，走向收获、走向辉煌。看到龙港，我像是看到了自己。蓦然回首，一路皆是惊喜。

原来，龙港和我一样，也做了一个悠长、甜蜜的梦，一个奋斗的梦。

二

龙港的面貌颇有海滨小城的特点，不高的房屋，外观多有风雨急掠的痕迹。身为海滨之城，台风应该是这里的常客。

我还没有感受过台风，说起来也是人生的一个遗憾。杭州一位作家朋友逗趣道：你是个土包子。话音刚落，媒体上就传来了消息，台风"黑格比"即将登陆温州乐清，经过龙港。②我一听乐了，来龙港太值了，可以一睹"黑格比"的尊容，从此扔掉"土包子"的帽子，扬眉吐气。

说起龙港，我脑海里呈现的都是大海，在这座海边小城，可以尽情地看大海、吃海鲜。没料到，在龙港竟然找到了江南水乡的感觉，就像在绍兴、周庄、乌镇或合肥的三河，满满的都是水乡的温柔。

那天，我们在白沙河小码头登上了一艘铁皮船。

笔直的河道、铁皮船，看上去有点粗陋，当船开行，心情一下子便柔软了下来。③不走路，不骑自行车、电动车，不开汽车，而是气定神闲地坐在船上，在波光粼粼的水面上漂然前行。小船纸伞，娉婷倩影，吴侬软语，浪花诗行，恰如宣纸上纷飞的水墨。

❶ 改革开放以来，龙港从无到有，变得越来越好，每一步都是踏踏实实的，而作者也是如此一步步努力着。

❷ 台风的到来其实会造成不少影响，但作者从未见过台风，因此听到台风要来的消息后反而感到"惊喜万分"。

❸ 作者用细腻的笔触描绘出了一幅江南水乡图，小船悠悠，河水微波，渲染了宁静、闲适的氛围，纸伞、软语更是增添了一分诗意。

阳光高悬，两岸小楼相连，海风的风流韵味尽在眼底，一些楼房的墙上，尚有岁月留下的依稀可辨的时代语痕。两岸零星的菜地翁翁郁郁，丝瓜花硕大金黄，嫩南瓜挂在篱笆上，玉米的咖啡穗子迎风伸展，瓜果飘香……初秋的景恰如少年郎的情窦初开。

一座座石拱桥迎面扑来，让激动的我老老实实坐在舱里，不敢忘情地站起身，以免碰头。

① 龙港地处鳌江流域，境内河网密布，纵横交错的河道竟有八百多公里。这江南河网有两条干河，一条龙金运河，由北向南，全长二十六点四公里，纵贯于江南平原；一条云肥河道，由西向东，经铁龙、宜全长约二十公里，横穿于江南平原。而这江南河网的主要支流有五个，龙舥河、金舥河、龙凤河、钱湖河和钱望河，其中的龙舥河始于龙港市方岩下，由北向东南，流经白沙河。② 原来，我欣赏到的白沙河只是龙港水乡的"九牛一毛"，是阡陌交错、河网纵横、四通八达的一个角落，是闻名遐迩的鱼米之乡。

船行河道，不颠不堵，通畅安稳。"十里白沙路，沿河半爿街。"小桥流水，河畔人家，青瓦白墙，烟火人间。

若不是天气太热，真以为就是春风扬州十里了。羁旅京城多年，本以为来龙港只能饱观沧海，没想到也入了一回江南梦乡。

三

8月3号，吃过晚饭，我们一行人去海边看月亮。农历六月十四，月亮又圆又亮。海上观月，走到哪儿都是一景。但是龙港的海月，似乎更有风情。

---

❶ 介绍了龙港的地理环境，龙港里面河网密布，河道众多，和前文描绘的江南水乡的感觉相合。

❷ 白沙河的风景依然足够令人回味，而这只不过是龙港微不足道的一部分，可见龙港河流之众多，无愧为"水乡"。

往海滩上走，风温凉地呼呼掠过，淡腥味儿飘过来，找到了海的味道。远处的航标灯一盏盏亮着，像天边的星。

①流云遮月，月亮周围的云分外明亮，一副喷薄欲出的姿态。海水涨潮了，乌云在风中艰难地蠕动。我们站在海边，兴致勃勃地看月亮从重重纱帐中一点一点裸露出来，皎洁得耀眼。惊喜的欢呼声几乎是异口同声，编织了一张浓密的网，将风声盖在了水里。"海上生明月，天涯共此时。"这似乎有点想当然了，别的地方谁知道是阴是晴呢？但是，我们真看见龙港的月了。

❶ 此处采用了环境描写，写出了月亮一点一点地从乌云里露出脸来的情景，体现了动态的美感。

几个活泼的年轻女子摆出了各种姿态照相。照人，照海，照月，缺一不可。笑声洒下一片，与涛声媲美。女人照相就像买衣服，永远是不够的。②三个女子，摆了一个飞天的动作，一个接一个，一手指向天空，一手拎起裙裾，在风的吹拂下，在月的映照下，衣袂飘飘，嫦娥奔月的样子。突然有了一个令心振奋的念头，如果她们真的奔上月了呢？哇，不敢往下想了……太美了。

❷ 此处为动作描写，三个女子在月光下的海边摆出各种美丽的动作，在月光和微风的帮助下拍起照片。

海边的大美总是无穷无尽，令人遐思，因为我们总也看不到海的彼岸。

面对大海，当年的龙港人一定也是这样想的吧，大海的那边有什么？在望不到边的大海上，心飞翔了，胸怀广大了，眼界开阔了。③心有多大，舞台就有多大，龙港人的勇气和胆魄，就是大海赋予的吧？登高望远，望得远才能走得更远。龙港人一定是借助了大海的力量，就像乘风破浪的真正的龙。

❸ 作者看着大海，感受到了大海的浩瀚和广阔，而住在海边的龙港人也受其影响，大胆、勇敢，敢于拼搏。

这是一个令人激动的夜，唯一的缺憾，是少了一堆让人激情澎湃的篝火，与月亮遥遥呼应、心心相印的篝火。海上赏月，终觉销魂。追月，一个飞翔的梦，一个改变现状的梦，一个永不满足现状的追求的梦。那一刻，我盯着那些星星一般闪亮的航标灯，却在想，天空中的星星不也是我们飞翔的航标灯吗？

　　"黑格比"的登陆时间又推后了，大约改在 8 月 4 日凌晨。夜里，我躺在床上静静地等。终于听见有风刮起来了，断断续续、零零星星的，像先头部队的侦察兵。① 等着等着，等进了梦乡，一觉醒来，天亮了，世界安安静静的，太阳明亮一片。真是遗憾，我与"黑格比"擦肩而过，不，是擦梦而过。

　　从此记住了龙港，我距离台风最近的地方，我在台风中呼呼大睡的地方。

❶ 与前文听说台风要来的部分相互照应，说明天气晴朗，反映出"我"没有看到台风的遗憾和失落。

延伸思考

1. 赏析"十里白沙路，沿河半爿街"这句话。

_____

_____

2. 文中说龙港人"就像乘风破浪的真正的龙"，这突出了龙港人的什么特点？

_____

_____

3. 文章主要讲了龙港的哪几个方面？

_____

_____

南丰缘

名师导读

　　沈俊峰和南丰有着神奇的缘分，而这缘分在他十九岁的时候，第一次吃到了南丰的小橘子时就开始了。橘子、写作、欧阳修、曾巩，这些人和物构成了他和南丰间的千丝万缕的联系。

①朋友说：缘，妙不可言。对此，深以为然。山不转水转，人或物，或景，如果有缘，皆有相见之时，虚实梦幻，神驰八荒，或早或晚。

❶ 开篇点题，作者通过朋友的话语引出主题，引出下文具体的"缘"。

一

　　十九岁，我成为一个孩子王。那已经非常遥远了。在那个大山沟里，我窝了十年。

　　十多个外地分配去的青年教师，在那个狭窄的巴掌大的地方，一个自成一统的小社会，苦闷、压抑自

① 作者采用排比修辞，简述了当年自己和那些青年教师在山沟里的情况，为后文埋下伏笔。

② 这是"我"第一次看到这样的橘子，感到十分新奇。作者介绍了橘子的样子和味道，拿橘子和鹌鹑蛋、鸽子蛋、鸡蛋相比，突出了它的小。

③ 作者后来回城了看到那样的小橘子也一定会买点回家吃，不仅是因为橘子好吃，还因为吃着橘子能回忆青春往事。

不待说，不知道出路，也看不到光明的希望，只能坐愁红颜。① 有人爱上麻将，有人爱上读书，有人娶妻生子，有人谋划远走高飞，我对着方格稿纸，向天向地倾诉"我脑袋里的怪东西"。

欢乐也有，多集中于下半年，节多、假多、福利多。深秋或初冬，收获季节，厂里会有大卡车去山东烟台拉苹果，每个职工几十斤。一个漫长的冬季，都被浓浓的苹果香包裹了。

有一年，迟迟不见苹果。不发了吗？正在嘀咕，几辆大卡车呼啸归来，原来是换了花样，苹果变橘子。② 那橘子是第一次见，小得像鹌鹑蛋、鸽子蛋，大的不过鸡蛋。咋这么小？剥开，皮薄、肉嫩、汁多，吃到嘴里，酸甜。嗬，奇妙的好东西。

山沟里橘香一片。橘香让我莫名兴奋，让我想起小时候在村里，端午节，村里集体逮鱼，家家户户都吃鱼，整个庄子都飘着鱼香。

我们聚在某一个宿舍，热热闹闹地吃橘子，欢声笑语。橘皮都留着，放在窗台或桌上，让橘香持久。小橘子给沉闷的时光带来了光亮和欢乐，让我记住了物质带来的小快乐。

③ 后来搬迁进城，见到那样的小橘子，必买无疑。拎回家，一口气吃饱，顺便也回忆了一遍遗留在山里的青春梦想。

二

一个青年在那样的环境下，很容易爱上文学。那是一种寄托、追求，或者是自我救赎，不至于让自己落水沉沦。

初学写作，便去寻找、挖掘家乡的文人，似乎要给自己找到一个热爱的理由、榜样或动力。安徽颍州自古文人灿若繁星，老子、庄子、管仲、鲍叔牙、曹操、曹丕、曹植……哦，他们在时空上离我太远，唯欧阳修最近，地域上的近。

唐宋八大家之一的欧阳修祖籍江西永丰，并非颍州。但是他对颍州西湖情有独钟。①知颍一年半，兴农桑，重水利，治西湖，修三桥，建书院，留下许多勤政为民的政绩。刚获准退休，就归隐颍州。他早已在颍州西湖畔盖房建院，急于安闲自在。遗憾的是，好日子只过了一年，便因久病日衰不幸逝世，享年六十六岁。颍州成为他的终老之地。他的血脉后代，有一支就生活繁衍在颍州。我生长的小村庄，距离颍州西湖步行不过几十分钟。

这个发现令人兴奋。

②欧阳修官至参知政事（副宰相），被誉为"生前事业成三主，天下文章无二人"。他在京城做官，也在十余个大小州府郡县任职。他视颍州为第二故乡，一生八次到颍州，留下诗词近一百六十篇。他热爱颍州西湖，赞颍州西湖乃"天下绝胜"。上海古籍出版社出版的《唐宋名家词选》中，收录欧阳修词二十七首，其中《采桑子》十首，每首都以"西湖好"开篇，赞美颍州西湖。"轻舟短棹西湖好，绿水逶迤。芳草长堤，隐隐笙歌处处随。无风水面琉璃滑，不觉船移。微动涟漪，惊起沙禽掠岸飞。"

《永乐大典》中记载的八大西湖，对颍州西湖和杭州西湖记述得最为详尽。③苏轼说："大千起灭一尘里，

❶ 作者介绍了欧阳修和颍州的关系，欧阳修虽然不是颍州人但却在这里做官，为人民做了许多好事，也因此让"我"有了亲近他的机会。

❷ 作者引用了他人对欧阳修的赞誉来表现出了欧阳修在做参知政事时的巨大贡献。

❸ 通过苏轼的诗句表现出颍州西湖和杭州西湖的美不分上下，各有各的特点，也难怪欧阳修如此钟爱颍州西湖了。

未觉杭颍谁雌雄。"可见两湖齐名共荣，不分伯仲，各有姿色。

三

曾巩是欧阳修的学生，乡党，两人有着三十多年的交往，可谓情深谊重。欧阳修称赞他："广文曾生，文识可骇。"

欧阳修在安徽滁州为官，写出了传世名篇《游琅琊山》《丰乐亭记》。曾巩去滁州看望恩师，遵嘱写了《醒心亭记》："滁州之西南，泉水之涯，欧阳公作州之二年，构亭曰'丰乐'，自为记，以见其名义。既又直丰乐之东几百步，得山之高，构亭曰'醒心'，使巩记之……"

① 曾巩到过滁州，留有美文，是否到过颍州呢？

对这个问题，阜阳市历史学会会长、欧阳修研究专家李兴武说："曾巩两入京都，历八州郡，除元丰二年（1079 年）五月移守亳州，距离颍州最近外，其余足迹所至均在江南河北。而北宋时期的颍、亳两州虽阡陌相连，南北相望，却分属两个不同的行政区域，不相统属。"

他分析曾巩的文学生涯，认为曾巩最有可能到颍州的有三个时间节点：一是欧阳修在颍州做官。查欧阳修谱，此间并无曾巩来访，亦无诗词与之唱和。查曾谱，他在江西老家居家守丧，丁父忧。

二是欧阳修致仕，退居颍州期间，曾巩此时为越州通判，又改知齐州。② 闻欧阳修退休，有《寄致仕欧阳少师》："四海文章伯，三朝社稷臣。功名垂竹帛，

❶ 此处为过渡句，起到承上启下的作用，对曾巩是否到过颍州展开议论。

❷ 从曾巩寄给欧阳修的诗中，可以看出他虽然没能亲自前往，但依旧敬重自己的老师，两人之间情谊深重。

风义动簪绅。"是年冬，欧、曾互致问候，寄赠碑刻，书信往来。在欧阳修退居颍州的日子里，苏轼离陈州，苏辙送至颍州，兄弟同谒欧阳修二十多天，留下许多脍炙人口的诗篇。

三是欧阳修在颍州病逝，此时，曾巩在齐州任上，闻讯伤悲，作《祭欧阳少师文》："公在庙堂，总持纪律。一用公直，两忘猜昵。不挟朋比，不虞讪嫉。独立不回，其刚仡仡。爱养人材，奖成诱掖。甄拔寒素，振兴滞屈。以为己任，无有废咈。"① 艰难的道路交通，无法让曾巩短时间里前往吊唁。

由此可以认定，曾巩终其一生也没有到过颍州。倒是在他六十三岁那年，其弟曾布由桂州移知陈州（今河南淮阳），其母与之俱行。他作为神宗近臣，上奏朝廷，想到颍州为官。陈州与颍州极近，又通水路，方便往来，曾巩想离母亲近些。然而，他两次申请，都没有获准。

曾巩没有实现的愿望，曾肇代为实现了。曾肇是曾巩同父异母的幼弟，比曾巩小二十九岁。曾肇知颍前后只有八个月，兴学劝农，疏浚清河，节省民力，政绩斐然，被称为"良守"。此时，欧阳修去世已十七年，曾巩去世也有六年了。

千百年来，在知颍、思颍和与颍州结下不解之缘的美好记忆与想象中，人们误把曾肇当曾巩。曾巩没有到过颍州。千古佳话，擦肩而过。② 这是曾巩的遗憾，也是颍州的遗憾。

四

2019 年 9 月，中国散文学会组织周明、谭谈、阿

❶ 解释了曾巩没能亲自前往颍州悼念恩师欧阳修的原因，表达了他没能成行的遗憾和悲伤。

❷ 曾巩不曾到过颍州，不曾欣赏颍州的风景，也没能和欧阳修在颍州共游，这是曾巩的遗憾。而颍州错过了这么一位大文学家，错过了佳话，也是一种遗憾。

成等三十多位散文作家前往江西南丰采风，我忝列其中。

走在南丰大地，恍然若知，一切皆缘。缘，妙不可言，让沉睡在我脑海三十多年的梦突然透亮起来。曾经入梦难忘的橘香，带给我欢乐的小橘子，原来是南丰特产。南丰是蜜橘之乡、世界橘都。自唐代开始，南丰蜜橘就是皇家贡品。^①当年钻牛角尖遍寻资料，想搞明白是否到过颍州的大文豪曾巩，也是地道的南丰人。刹那，有了穿越的感觉，觉得自己与南丰仿佛久别重逢，亲密无间。

在曾巩纪念馆，我们与来自全国各地的曾氏后裔及社会各界人士，举行了纪念曾巩诞辰一千周年祭祀活动。参观了曾巩纪念馆，对曾氏家族油然而生敬意。墙上镌刻着曾巩的《烟岚万派》："几派洲堤列画屏，红霞印水雁飞鸣。声声色色连天际，大块文章随意成。"天下写作者，谁不对"天下文章随意成"心驰神往呢？^②仿佛寻到了千年文脉，纷纷与"天下文章随意成"合影留念。

然而，随处可见的并非文章，却是橘树。山坡、田野、门前屋后、道路侧畔，一株株并不高大的橘树，挂满了青涩的橘子。我们来早了，无法一饱口福。一个早熟泛黄的被我惊喜地摘下，握在手心，感受它的馨香和温暖。

七十万亩青葱翁郁的橘园，每年产橘二十六亿斤，该是多么壮观。南丰人向我描述，四月天，满目都是白瓣黄蕊的橘花，一簇一簇的，热烈奔放。这令我无限神往。看着一棵棵橘树开出花朵，再由花朵长成熟透的橘子，该是多么奇妙。

❶ 作者喜爱的小橘子原来正是曾巩的家乡特产，这让作者感到惊喜，自己和南丰之间似乎变得亲密了。

❷ 写文章的人都希望自己写作的时候能够随意便写就一篇好文章，这句诗简直说到了作者的心中，令他向往不已。

南丰不光有千岁贡品蜜橘、千古才子曾巩，还有千载非遗的南丰傩舞、千秋古窑白舍窑、千年古邑南丰古城。

① 祖国疆域辽阔，人杰地灵，值得一辈子去走一遭或多次行走的地方，有很多，譬如南丰，一个让人踏足难忘的地方。

缘来缘往。缘，妙不可言。我信。

❶ 此处既是对祖国大好河山的赞美，也是对南丰的赞赏，表达了作者对南丰的喜爱之情。

延伸思考

1.作者为什么说文学是"一种寄托、追求，或者是自我救赎"？

2.作者和南丰的缘分是怎么样的？请简要说说。

3.文章最后写道"缘来缘往。缘，妙不可言。我信"，有什么作用？

晓月照卢沟

名师导读

卢沟桥也叫作芦沟桥，桥身坚固，造型美观。1937 年 7 月 7 日，卢沟桥事变。在卢沟桥身上承载了国家的耻辱与先辈们的抗争。本文中有沉思，有期盼，值得我们好好读一读。

两年前，著名军旅诗人牛广进老先生寄来诗作《卢沟桥》：五百零一只狮子 / 五百零一个精灵 / 立着坐着蹲着卧着 / 一个个分外激动 / 穿过金辽炮火 / 抖落两宋烟云 / 怅望大明日暮 / 悲哉晓月清风 / 永定河水生呜咽 / 历史定格在 / 一九三七年七月七日凌晨 / 一声罪恶的枪响 / 卢沟桥头血染红 / 石狮啊梦中惊醒……

❶ 这首诗发表后，那些可爱的石狮子便从此印在了我心里。卢沟桥上究竟有多少只石狮子？为了核实诗人笔下的数字，我查阅了手头所有的资料，但说法不一，最后，从卢沟桥抗日战争纪念馆弄来了准确数字：五百零一。

❶ 此处承上启下，诗作《卢沟桥》引起了作者对石狮子的喜爱和好奇，引出了下文对卢沟桥的介绍。

史料记载，卢沟桥建于金（1189 年），桥栏杆上雕刻了五百零一只形神各异、栩栩如生的石狮子。如此一处古老壮美的地方，"卢沟晓月"之佳地，却惨遭日寇炮火与铁蹄的蹂躏。

1937 年之后的卢沟桥被无数次说起，并不是因为它的壮阔与大美，而是因为它是国难与耻辱的符号之一。<u>①曾经跟随单位组织的活动去过卢沟桥，但那样快速地移动，不足于情感的升发，意犹未尽，后来，我独自去了一趟。</u>我想慢慢走过那座桥，在桥上坐一会儿，让心灵与桥透过历史的隧道，彼此注视和端详；我还想亲手数一数桥上的石狮子。那天，我极认真地一遍遍数过，可是，每次都是失败，半途而废。许多小狮子已经残破，有的能看出明显的修补，而有的地方，只能看出石狮子曾经待过的痕迹。云烟袅袅，时光苍茫，又怎么能轻易数得清楚呢？

盘桓卢沟桥上，我的耳边隐约有金戈铁马声，从遥远深处漫涌而来；我的眼前飘过浓浓硝烟，一如千姿百态之云；我看到脚下的土地，浸染了年轻将士为保家卫国洒下的鲜血……那个时代的英雄，中华赤子，注定了他们要迎着日寇的炮火冲上去，以血肉之躯抵抗侵略者残暴的炮火，捍卫我们赖以生存的家园。<u>②这便是历史的使命吧？而我们，幸运地生活于和平盛世，该如何报效自己的国家呢？</u>

坐在桥上某一处，看身边游人沉默而过，看石狮子那不变的容颜，看天空青蓝一片，看永定河的水静默无声，他们似乎都在对我发问，为什么，侵略者的炮火打在了我们的土地上？！

我想，那些石狮子应该心如明镜，只是，它们不言。

❶ 作者的单位曾组织去过卢沟桥，但这样一番游览参观并不能让作者体会到卢沟桥的灵魂，因此作者选择独自前去，细细体味。

❷ 过去，无数的中华儿女用自己的生命捍卫了家园，报效了祖国，而如今我们处于和平年代却也不能忘本，引出后文我们应如何去做的部分。

它们的沉默，已然告诉了我们答案。

历史离我们很远，又似乎近在咫尺。①历史像一座山，巍然耸立在我们面前，它的枝枝蔓蔓，时常会在不经意间便让人有了疼痛。

去年，我去河北承德兴隆参加第七届冰心散文奖颁奖，与冰心先生的女儿吴青教授合影时，脑海中突然闪现出世纪老人冰心的遗憾。

谢葆璋是冰心的父亲，经历过甲午海战，是北洋舰队"来远"舰的二副。在军舰爆炸的瞬间，他跳入冰冷的海水，拼死游上刘公岛。清政府将北洋舰队编制取消后，谢葆璋被遣散……冰心的作品中，屡屡提及海军，提及甲午。1994 年，甲午战争一百周年时，冰心老人曾动笔写甲午海战，但因年事已高，没有写成。"每次提笔，她便大哭。哭得完全不能写。"这锥心的痛，不是冰心一个人的，是中华民族的。②这锥心的痛，如一块铅，压在心头，一百多年了，让人无法释怀。

冰心没能完整地写出甲午海战，这成了她终生的遗憾。藤蔓太长，内容太多，撕开任何一个裂口，就会发现历史的浩瀚与博大。从几百年前的俞大猷、戚继光抗倭，到甲午海战，再到卢沟桥上的枪声，岛国日本对中国的觊觎、垂涎已经有四五百年之久，若想写清楚，谈何容易？

我更喜欢历史的皱褶中那些有血有肉的细节，细节有助于对历史的认知和辨析。③颇受后人褒贬的李鸿章对日本有一个小细节，让我一直难忘。

甲午战败，李鸿章代表清政府赴日谈判。七十二岁的他在日本挨了一枪，子弹击中他的左眼下颧骨，伤势严重。在日本的威逼下，他在受伤仅仅二十一天后，

---

❶ 此处运用了比喻的修辞手法，将历史比作一座山，表现出了历史的沉重。历史带来的沉痛是令人难以忘却的。

❷ 作者将甲午战争带来的痛苦比作铅，突出了它的沉重和痛苦，虽然时间已经过去了许久，但是这样的沉痛依旧在人们心中挥之不去。

❸ 此处进行过渡，起承上启下的作用。作者先说自己喜欢历史的细节，然后提到李鸿章的一个细节，引出具体的事情。

就被迫与日本首相伊藤博文签订了丧权辱国的《马关条约》。① 谈判中，李鸿章试图用中日的传统友谊来打动对方，以求谈判的条款减少一点对中国的残酷压榨，却遭到伊藤博文轻慢不屑的拒绝："你说的都是废话。"李鸿章备感屈辱，立誓从此不再履日土一步。

两年后，李鸿章游历欧洲，回国途经日本横滨时，他不出舱门一步，不看日本海岸一眼。但是，回国必须在此换乘，随从只好用小船摆渡。当得知摆渡船是日本船，李鸿章拒绝上船，随从只好在两船之间搭上一块跳板，然后背着这位老人摇摇晃晃凌海而过。李鸿章实现了他不履日土一步的誓言。

儒家文化推崇中庸之道，李鸿章是儒家文化培养出来的知识分子，鄙视极端的传统士大夫，却发出了如此决绝的誓言，让人怅然酸楚。

通往宛平城的那座桥、那条路，被岁月的车辙碾轧得此起彼伏，风雨沧桑。② 漫步其上，你会情不自禁去想，对于日本，我们除了义愤，对它真正了解多少？师夷长技，知彼知己，方才不殆；这个世界，再过一百年、五百年、一千年，甚至更长，会是个什么样子？中华民族还会再遭到外来的侵略吗？卢沟桥上的石狮子，应该在每年七月七日凌晨，一起发出振聋发聩的吼声，唤醒我们身体里沉睡的危机意识……

"卢沟桥头血染红，石狮啊梦中惊醒。"这是诗人的声音，也是长江、黄河的声音，东方雄狮早已醒来了！

❶ 此处采用了语言描写，从伊藤博文的话语中可以看出他的轻慢和不屑，可见在国力不对等、实力不足的情况下，我们是无法获得尊重的。

❷ 漫步于此，作者的思绪忍不住散开。通过一连串的提问表现出了他对国家的担忧，告诉我们要了解时事，了解他国，让祖国更加强大。

延伸思考

1.作者提到"而我们,幸运地生活于和平盛世,该如何报效自己的国家呢",说说我们应该怎么做。

_____

_____

2.为什么冰心一直没能完整地写出甲午海战?

_____

_____

3.赏析文章最后一段有何作用。

_____

_____

清水·名茶·古镇

名师导读 ▶

8月，沈俊峰来到了麻埠镇，聆听到竹林的涛声，欣赏到大别山的青山绿水和健康好茶。清澈的水流和醇香的好茶构成了当地独有的地域文化，吸引了众多游客。

①今年8月，酷暑难当。因为获批中国作家协会一个深入生活项目，我便从京城乘高铁到合肥，然后开车去金寨县麻埠镇。如今，高速公路、省道、县道连接得顺畅，路况好，加上有手机导航，行途很顺利。

到达麻埠的当晚，受台风影响，下起了雨，刮起了风，天气顿时凉爽许多。夜半，能听到山坡上竹林窸窣翻滚的涛声。②竹与木的涛音不一样，竹有着玉屑的细碎，那是竹叶柔弱的轻歌曼舞，而木则要深沉得多。山庄附近是一片竹海，此时，竹海以更洪亮更具有穿透力的合鸣，覆盖了漫山遍野的风雨交加。偶尔，一两声窗户的扭动或花盆之类的倾倒，让人惊心动魄。

❶ 开篇介绍了时间、地点和去麻埠的原因，引出下文。

❷ 此处介绍了竹和木涛声的不同点，竹子发出的声音更加轻柔、细碎。

大别山雨多。这雨，听上去就凉爽。

早饭后，去几户农家采访，都是兴冲冲地顶着雨。农家多居在麻埠街上。街是斜坡，流水无声地奔涌，深能覆脚。我和文化站陈站长从一户人家出来，只好立在房檐下，等雨小。山水涨得快，消得也快。但是，此刻的雨却没有停歇的意思，像憋足了劲儿，一口气要将酷暑彻底驱赶似的。

① 此处为动作描写，生动地写出了"我俩"的急切，哪怕雨很大，"我们"也不愿再等下去了。

^①我俩最终还是等不及，拣水浅处，上了停在街对面的车，鞋在欢蹦乱跳中弄得透湿。

天气果然凉了，有了些许秋意。

回山庄，路的一侧就是青山绿水。水被近处的山遮挡着，不宽阔，却深沉，源远流长。几艘快艇在水面上疾飞。

转过眼前的山，那边就是辽阔的水。从地图上看，那一片盘根错节在山间的蓝色水域，特别显眼。这就是著名的响洪甸水库。^②麻埠镇居水库之东，其一百三十三点八平方公里的面积，是不是被水占了一多半呢？不得而知，但是一万六千多居民生息在这美如花园的山水间，该是多么舒适惬意。

② 通过具体的数字写出了麻埠镇的面积，表现出了麻埠镇生活环境的美丽，人民生活的幸福和快乐。

1951年，毛泽东主席发出号召：一定要把淮河修好。于是，在淮河中上游地段的大别山区霍山、金寨、舒城三县，先后修建了佛子岭、梅山、龙河口、响洪甸和磨子潭五大水库。响洪甸水库蓄水量最大，达二十七亿立方米。为了修建水库，仅金寨县就有十万移民，其中麻埠一镇占了多半。

"下午咱们去看齐山。"

见我一脸茫然，陈站长笑了："知道中国十大名茶吗？"

中国十大名茶，安徽占三：黄山毛峰、祁门红茶、六安瓜片。无论这个名茶排行榜怎么变化，六安瓜片都稳坐交椅，地位没有变过。那是它在人们心目中的地位，牢不可撼。爱茶之人，谁不知晓？

① "知道六安瓜片的核心产地在哪吗？"

陈站长的神情让我兴奋，恨不得立马就去探个究竟。坐快艇，约需一刻钟。开车，绕来绕去，望山跑死马，最快也得个把小时。我当然想坐快艇，因为我早就想看看当年那座繁华千年的古镇麻埠，究竟淹没在哪一片水下。

是的，我们现在看到的麻埠是20世纪50年代以后的麻埠。那个古镇麻埠，那个文化的、古典的经济重镇麻埠，连同它的兄弟——金家寨、流波两大重镇，已经无声地沉入了百米之深的响洪甸和梅山水库，六十多年了。

② 一句顺口溜，道尽了古镇麻埠的繁华兴盛：一进麻埠，衣帽堂堂；离开麻埠，鸟蛋精光；鲜花岭上，回头望望；下回有钱，再来逛逛。那意思，你有多少钱，都能在麻埠花光，回头望望，渴望再来。

早在北魏时期（386—534年），麻埠为霍州边城郡，成名于盛唐，以后别称边城，其南城楼上镌有"边城保障"四个大字。一千多年来，麻埠发展成为一个商贸重镇，尤其以出产大别山特产茶、麻而著名，茶叶销往京津冀晋和内蒙古等地，同时兼营竹木、农副土特产及中药材。1931年10月25日，红二十五军在麻埠成立，军部就驻在麻埠。

③ 素有"将军的摇篮、红军的故乡"之称的金寨县，在新中国的经济建设中，移民十万人、淹没良田十万亩，

❶ 六安瓜片的核心产区正是在金寨县，这句话表现出了陈站长的自豪和得意，也引出下文去金寨县麻埠镇的事情。

❷ 作者引用顺口溜，生动形象地写出了古镇麻埠的繁荣昌盛，使读者加深了解，产生兴趣。

❸ 通过金寨县的称号可以看出金寨县人民的巨大付出和过去的不易，三个"十万"体现出了人们当时的艰苦奋斗。

连同当年参加红军的十万人，就有了这沉甸甸的三个"十万"。

可是，下午风大，快艇无法出行，只能等待明天了。

翌日天晴，云白如棉，卧于蓝天，静如处子。随县里来的扶贫干部一起去齐山。水上有微风，微风成微浪，微浪像一群手拉着手的孩子，向着快艇迎过来，笑靥如花，做一个如花的童戏。快艇欢叫着冲过微浪的人墙，轻轻颠簸，一下一下地颠簸，将人颠得晕晕乎乎地舒服。

这一场雨，让水位涨了四五米。①<u>水与绿丛之间那一截裸露的山石不见了，也就是说，水和山坡上的那些绿植静静地吻在了一起。</u>

快艇贴着水面飞。水像一面镜子，在狭长的山弯，照绿了自己，真正是青山绿水。转过山弯，来到那一片辽阔的大水，却又照蓝了自己。伸手掬一把，清爽爽的纯净。

这漫山遍野的水呀。

想象着那巍然屹立的水库大坝，如一把钢筋水泥浇铸的巨锁，牢牢锁住了这群山间的大水，蓄放自如，调节淮河水位，旱涝无惧，终于驯服了泛滥任性的淮河。②<u>真的是一坝当关，万水莫开。</u>

古镇麻埠淹没在了这片水下，成了历史的文化的符号，成为许多人魂牵梦萦的记忆。但是，麻埠的旗帜没有倒。

齐山海拔不到一千米，栈道用木头和沙石修建而成，已显历史悠久，有植物的手和胳膊调皮地伸到了道上。山坡上有成片的茶园，掩映于竹木绿丛，走近了才能看到。③<u>茶园里插着许多粘虫子用的不干胶，</u>

❶ 作者生动形象地写出了水和山坡上的绿植相互紧挨的样子，"吻"字运用了拟人的修辞手法，增加了文章的生动性。

❷ 作者写出了水库大坝将山间的水牢牢控制住的样子，体现出大坝的气势之盛，作用之大，有了它不管发生旱情还是涝灾都不怕了。

❸ 采用比喻的修辞手法，写出了茶园的绿色环保，因为不用农药和化肥，茶园的茶才会如此受欢迎。

远远看去像一面面黄色小旗。现在种茶都用有机肥，拒绝化肥。

穿行于洒满星星点点阳光的栈道，沿途多古树和巨石。若想爬到山顶，也是九曲回廊，辗转流连，让人累极。这是大别山的特点。快到山顶，是一座耸峙的巨石，陡峭，裸露，像盖在山顶似的，而自己则成了更高的、无法攀爬的山顶。墙一样的石面上，刻"蝙蝠洞"三字。所谓洞，其实是两石之间上下隔开的一条粗壮而悠长的空隙，横亘如洞，人不能进。据说这里是蝙蝠的逍遥栖处，但此时白昼，一片静谧，不见踪影。

齐山，蝙蝠洞，是六安瓜片产地的核心之核心。难怪全国各地六安瓜片的茶商，多挂"齐山""蝙蝠洞"的招牌。这里的茶好，与海拔、土壤、气候都有关联，实是大自然的造化与厚爱。

这里是水源地，一切讲究环保。镇党委书记乐绪芹介绍，全镇有名优茶基地两万亩，茶叶专业合作社一百三十多家，齐山牌六安瓜片曾在中国芜湖（国际）茶博会上获"茶王"称号。当地农民依靠茶和水，绝大多数走上了富裕之路，但水库杜绝人工养殖，同茶叶一样绿色环保，就是要保护这一片好山水。这天然纯色的好茶、好水，吸引了更多人的青睐。① 茶、水和大别山独特的地域文化，情深意重走到了一起，注定会唱一出精彩的大戏。

古镇名茶，青山绿水，明月清风……多少情思，多少福祉，尽在这大自然无言的仁慈与宽厚的怀抱中。

❶ 大别山、茶和水相互融合，好山水加上绿色环保的茶叶，形成了独特的地域文化，吸引着人们的到来。

延伸思考

1. 文中写到了三个"十万",这表现了什么?

_____

_____

2. 陈站长为什么要先提中国十大名茶再提六安瓜片?

_____

_____

3. 赏析"快艇欢叫着冲过微浪的人墙,轻轻颠簸,一下一下地颠簸,将人颠得晕晕乎乎地舒服"这句话。

_____

_____

第三辑 最美的笑容

"生当作人杰，死亦为鬼雄。至今思项羽，不肯过江东。""千古第一才女"李清照的这二十个字，弥漫了多少人心中的悲壮、崇敬和铮铮剑气？乌江的这个故事，成了令许多人无限遐想的精神的圆月。

【预测演练】

阅读下面的文字，完成下列题。（16分）

在城里放羊

①我也吃惊，怎么在城里放起羊来了。

②我住的地儿是五环外，门前有一条古老的河。我喜欢绕河散步，从河这边散到河那边，再散回到河这边。

③河那边有一座园子，我爱去那园子。一大片林子，高耸挺拔的、低矮粗壮的，皆蓬勃茂盛。尤其是那一小片松树，弯曲遒劲，枝干粗壮，虽不高大，却透着灵气，透着青春的光彩。紧紧聚拢的松针，根根向上，像是把日月精华都修炼成了内心的强大。这样的松，一看便知是从南方北漂来的，正像我这个南方来的游子。

④步入那片松林，我会独坐或静站一会儿，听松毛拔节或落下。那些细微的声响，心有灵犀才听得灵动，像冬夜的落雪。离开的时候，再贪婪地深吸几口那熟悉的松脂的淡香，真是一种奇妙的享受。

⑤进城这么多年了，还忘不了城外的陈年旧事，且沉淀成了一首只有自己才懂的深情的歌。当年一心向城，为什么被城浸泡了这么多年，反而怀念起了当初？假如至今尚没进城，是否仍然会站在

高冈唱着深情的恋歌？呵呵，我这一颗心，究竟该如何安放才能心安意满呢？难道城与乡是我宿命的鱼和熊掌吗？

⑥我就是在那个园子碰到羊的。迎面来了一群羊，真的是羊。

⑦羊从我身边安详地走过。

⑧我有点蒙，一时间竟无法将这些羊和这繁华的都市联系在一起。

⑨园子的一角，有一片低矮的房屋，像简易房，常见一些园林工人穿着黄马甲、扛着铁锹之类的工具出入，也有一些小汽车来往停靠在那里。房屋间隙的空地上，有零星几片菜地，种了菜，还有几棵玉米。羊就是从那片房屋深处走出来的。

⑩我莫名兴奋起来。

⑪我坐在河沿呆呆地看羊。一只肥硕的母羊领头，跟着一只壮硕的公羊，几只小些的随着往前走，俨然一个小群体。羊兴致勃勃下到河滩上，边走边啃肥嫩的荒草。我突然就有了一个欣喜的念头，放羊真是一件幸福的事。

⑫但是当初我并没有感到幸福。有那么几年，家里养了两只山羊，雪白雪白的。后来，下了一只羊羔，最多的时候好像有四五只。我先是兴奋，割草喂它们，但那种兴奋劲儿渐渐地消失了，放羊甚至成了精神的负担。为什么其他同学可以尽情地玩，我却要放羊？我成了可怜的另类。独一无二没有让我自豪，却让我痛苦，甚至自卑。那是一种心灵的折磨。我无法释然，无法违拗，幼小的心灵在痛苦中挣扎。后来，我想出了一个高招，将羊放上门前一座绿植覆盖的小山，让它们每天都像是在大自然中吃着丰盛的自助餐，然后酒足饭饱地下来。山羊温驯懂事，通"情"达"理"，按部就班，从来没有试图逃跑过。有时候，我将它们拴在山脚下，便不管不问。它们一边看着行人，一边悠然自得地反刍，山羊胡子一抖一抖的。

⑬它们的乖巧和温驯给了我莫大的安慰。其实，即使没有那种心灵的纠结，我也是不会忘记那段经历的，哪个孩子不喜欢温善的

动物呢？我想说的是，世间事，无法忘记的多是痛的经历，于我而言，羊的记忆更深刻一些罢了。

⑭自从看到那群羊，再散步，我都会在河沿上坐一会儿，看羊或等待它们出来。时过境迁，当年放羊的痛已经烟消云散，成了五彩的温暖。羊们悠闲，也慌张，争先恐后往前跑，争那一口青草。羊肚已经发黄，也没人洗。呵，看羊成了我的固定节目，就像是我在放羊似的。放羊非要拿着一根鞭子吗？心和目光不是最温柔的鞭子吗？不经意间，那些雪白的羊会在我的脑际亮亮一闪，让我亮堂一阵子。

⑮很奇怪，在高楼大厦的空隙，我总是能够寻找到逝去的柔软和温情。这是我待在城里的理由和支撑吗？我喜欢城，却总是想着飞离。我享受着城的繁华，却总是情不自禁地灵魂背叛。这是城的魅力和风情，也是我的痛苦和幸福。对城，我崇拜，却也是爱恨交加。这便是一颗俗世尘心的纠结和痛苦吧？

⑯城是一个让人容易忆旧的地方。忆旧，并非就是想回到过去。一个人的"从前"应该是"现在"的按摩器，是"现在"的肥沃土壤，为"现在"生长出前行的力和勇。

⑰有人说，沉溺于过去的烟雨是懦夫，勇敢的人只会往前。但是，我还是喜欢在城里放羊，放羊让我心安和开阔。其实，就是真的给我一群羊，我肯定也放不了，因为我的双脚早已习惯了坚硬的钢筋水泥混凝土。我呆呆地看着那群羊，我无法将那群羊从脑海中抹去，就像一个跳跃的音符，一枚金黄的落叶。而且，我竟然在某一天有了吃惊的发现，从我进城的那一天起，我就一直在放羊了。放羊时，天空总是那么高远。

⑱初冬的阳光，温暖地照着。

（选自《人民日报·海外版》，2018年10月20日）

1. 文章开篇描写园子中的林地，有何作用？（3分）

_____

_____

2. 羊群的突然出现，对作者产生了怎样的影响？结合作品简要分析。（4分）

_____

_____

3. 联系上下文，分析"心和目光不是最温柔的鞭子吗？"一句的表达效果。（3分）

_____

_____

4. 阅读全文，简要分析作者是如何安放自己的一颗心的。（6分）

_____

_____

_____

_____

娘在家里儿在外

名师导读 ▶

　　沈俊峰在本文讲述了自己的一次回家经历，以及丈母娘突然离世的事情。用自己的亲身经历对什么是家，以及如何对待父母这两个问题作出了回答，很是令人深思。

一

❶ 开篇直抒胸臆，抒发了作者的思乡之情。

　　① 年关愈近，乡情愈浓！

　　这趟本就慢的列车越发地慢了。站站停，然后下饺子一样丢下一个个从四面八方归家的游子，走的时间没有停的时间多。夜里，下雪了，借着不知哪个小站昏暗的灯光，能感觉到满世界茫茫的白。迷迷糊糊中，好像是半夜，火车又停了。天亮时醒来，火车竟纹丝未动。广播没说原因，列车员也是一脸茫然。^①一车人就那么停泊在小站台上，宛若大海之中的一艘小船，感受苍穹的博大、雪原的无边。没有办法，只有静静地等待。既然上了"贼车"，再想下去也是不可能的了。好在手头的事情都已处理完结，只要能在除夕之前赶到家，什么也都无所谓了。

　　这场大雪，让回乡之路变得非常之漫长，迟滞了许多旅客。^②一千公里，走了二十四个小时，是我迄今乘坐时间最长的火车，然而却能怡然忍受。娘在家里儿在外呵。漂泊的沧桑，奔波的疲惫，还有这严寒的犀利，都被除夕的灯塔照亮了、温暖了。

　　圣人说，父母在不远游。可是现代人不远游不行，哪怕父母的父母仍然健在，该远游还得远游。几年前，女儿独自在北京读书，我们还在合肥，家里立刻显得冷清而寂寥。两地的思念光缆一般细长而遥远。每每送女儿上火车，都是泪眼婆娑，万般不舍。那时我对家的感受是：女儿在哪，家就在哪！可是几年之后，当我们团聚在北京，对父母的牵挂让我对家又有了另外的理解：父母在哪，家就在哪！

　　^③有时扪心自问，家到底是什么？其实很简单：家是一个和谐的圆，孩子一半，父母一半！

二

　　我们迁移北京的时候，丈母娘已经患病。她退休之前是医院职工，治疗条件并不赖，有时住院，有时拿些药在家里吃。但是，不能病榻前尽孝，我们心中便沉积起隐隐的缺憾。那段时间，电话成为每天两地

❶ 此处采用了比喻的修辞手法，将站台的一车人比作大海中的小船，突出了一车人的渺小以及雪原的浩瀚无边。

❷ "一千公里""二十四小时"突出了时间之久，路程之长，但就算这样，作者还是很开心，表现出了他对回家这件事的期待和喜悦。

❸ 此处采用设问的修辞手法，通过自问自答的方式揭示了家的真正含义，家人在一起的时候才是一个完整的家。

联络的热线。我们希望电话铃声响，又害怕电话铃声响。尤其是半夜以后的电话铃声，让人心惊肉跳，根本不知道遥远的黑暗之中究竟会发生什么！

那是一段让人备受折磨的日子。

那种折磨源于痛苦、牵挂、愧疚和无助……

①然而，最可怕的电话铃声是在宁静的清晨响起来的。夏季早六点，酷暑消散、世界清凉之际，骤响的铃声电锯一般划拉在心里。一抖，一颤，一种不祥划过脑际。像一个狰狞的不速之客，让人感到害怕。

噩耗像炸雷一样突然来临了。

没有料到，一个生命的消失竟是如此轻描淡写，枯叶一般悄然飘落。妻霎时就傻了。我想她极有可能还没有完全从睡梦中清醒过来，便被迎头一棒。②失去母亲的悲哀，几乎让她绝望，那种压抑的哭声从指缝间拼命地钻将出去，却仍然如此地震人心魄。

就在昨天，我们还沉浸在些许慰藉之中。女儿主演的第一个电影刚刚在学院放映，又接手一部电视剧，正准备晚上去剧组，翌日直飞拉萨拍摄现场。可眼下出了这样的不幸，究竟要不要告诉她，以怎样的方式告诉她，才不会影响她的拍摄？

冰火两重天，真是让人为难！

上午，我出门买了两张当晚的车票，回到家时，已近十一点钟了。③女儿显然还不知道消息，正跃跃欲试为我们做午饭。趁这个空隙，我们商量，觉得还是告诉她好，她已经有一定的心理承受能力，再说到西藏后，还有四天的适应期。

四天的时间足够了。

于是强忍痛对女儿说，我们今晚要回老家一趟。

①将清晨的铃声比作电锯，突出了此时铃声的可怕和"我们"心中的慌乱、害怕，这么早来电话很有可能发生了不好的事情。

②突然得知母亲去世，妻子内心悲痛万分，刻意压制却根本无法控制的哭声显得更加令人震撼和动容。

③女儿此时还不知道，此时的轻松愉悦和得知消息后的沉痛、压抑形成了鲜明的对比，显得更加沉重。

　　如此突兀的话,让女儿听了一愣,太突然了!望妈,又望爸,脸色变了,站在那里不说话。她知道外婆的病,五一长假回去探望后,还时常向我们询问有关病情。

　　于是又说,本想把你演的电影碟片带回去,给外婆看的,现在不需要了。

　　女儿听了似乎轻轻地"啊"了一声,什么也没说。

　　于是再说,你现在其他什么也不要考虑,只要拍好戏就比什么都好!

　　①女儿仍然一句话也没说,转身回到了自己的房间,轻轻将门关上,但是大大的音乐声却轰然响起。

　　那一顿饭,我一个人默默地做。一个人,也许只有到了中年,在女儿即将成人的时候,才能真正有了人生的另一种感受——重压之下的辛辣。年轻时喜欢李白的豪情万丈,快哉淋漓。但是现在,只有杜甫的笔墨才更加接近我心灵的本色,厚重、沧桑、泪水、练达等。这种痛彻骨髓的体悟,是生命中风霜雷电留下的永远也抹不去的印痕。②人生在世,本该豁然,该来的迟早要来,可是,偏要有那么多的留恋与不舍。

　　下午,我将女儿送到剧组。晚上,我与妻匆匆赶往火车站。

　　夜色苍茫中,列车轰鸣。静默中,妻收到女儿发来的一个短信:妈妈,千万不要太悲伤,这也是没有办法的事,我想,外婆是到天堂与外公相会去了,他们一定会很幸福的。

　　看到短信的那一刻,我们无言,泪水悄然滑落。

　　几年之后,女儿上大学的那一天,我这样告诉她,人这一生,应该有三个任务和责任:把孩子培养成才,敬爱父母,圆自己一个梦!

❶ 外婆的逝世令女儿感到悲痛,但是她并没有表露出什么,巨大的音乐声突然响起可见是为了掩饰女儿哭泣的声音。

❷ 做人应该豁达,要勇于面对困难和生活中的悲痛,但总有些事无法避免,令人感到难过和不舍,"我们"明知生老病死在所难免,真的来临这一刻依旧无法释怀。

三

❶ 抽屉里厚厚的火车票说明这几年"我们"经常奔波在北京和合肥之间，虽然忙碌的生活让"我们"无法和父母在一起，也依旧彼此牵挂。

<u>①抽屉里，有一厚沓纸质一样规格相同的火车票。忽发奇想，粗略计算了一下，近两万元。</u>这都是近几年我们奔波在北京与合肥之间的票证。在北京好多年了，逢年过节我们还习惯说"回家"，而不是说"回老家"。一字之差，却是永远的牵挂。

电话虽然能架起情感的桥梁，但其间毕竟隔着路途之遥，而且电话问候极其简单：身体好吗？父母必答：很好，都好！父母问我们，也必答平安。对父母，大都是报喜不报忧，保不准父母也是报喜不报忧呢？只有站在眼前，心里才踏实。如果哪段时间忙，好久没有打电话回去了，母亲就会让父亲打电话来，最近咋样？②父母经常说的是：平安就好！

❷ 父母经常说平安就好，这简单朴素的一句话，表达了父母对孩子深深的挂念和祝福，他们并不求别的，只希望孩子能够平安。

现在衣食无忧，需要问候的，也就是平安的音信。父母最牵挂的，便是儿女的平安。时常在想，"平安就好"这简单的四个字，包含什么呢？一是自身健康，不出意外；二是工作廉洁，做一个堂堂正正的人。如果说前者还有点无法预料的意思，那么后者则是完全靠自己的把握了。能经常站在父母面前，问候一声冷与热，是最大的幸福；能平安无事，敬爱老人，则是最大的孝了。这也算是不得不远游的"游必有方"吧。

❸ 妻子的个性签名表露出了她对自己不能继续孝敬母亲的遗憾和悲痛，而这句话也时刻提醒着我们。

③<u>"子欲孝而亲不在。"这是妻留的个性签名。</u>每当看到这句话，便如人生的定时钟响在耳畔，别有一番滋味在心头！

延伸思考

1. 文中为什么说"我们希望电话铃声响,又害怕电话铃声响"?

_____

_____

2. 女儿得知外婆逝世的消息后为什么轻轻"啊"了一声,什么也没说?

_____

_____

3. 文中说道:"父母必答:很好,都好!父母问我们,也必答平安。"
简要分析这句话。

_____

_____

送您一束康乃馨

名师导读

　　这是沈俊峰写的关于母亲的一篇散文。文中描述了母亲这一生的遗憾以及他对母亲的敬意与爱意，语言简练，构思巧妙，亲切感人，让人联想到自己的母亲。让我们一起去读读吧！

❶ 作者只是想给母亲过个生日，却被父亲严词拒绝，这是怎么回事？由此引起读者的阅读兴趣，引出下文。

　　今年母亲节的第二天，即农历四月二十，是我妈八十岁的生日，我和弟妹想为她操办一场祝寿活动，其实就是过一个简单的生日。^①试探着打电话说了意思，没想到还是被我爸严词拒绝了：不过，一百岁再过！

　　在我家，自古就是我爸说了算。

　　我为我妈这辈子抱屈两件事，第一件，新中国前她没有上过私塾，新中国后也没有进过学堂，大字不识一个，按她自己说的，是一个"睁眼瞎"。"睁眼瞎"的人生让我妈感到自卑，也很无奈，注定这辈子已经输在了起跑线上。①从农村到工厂，一直到退休，她都感到处处不如人，处处受制于人，觉得自己像一棵浮萍，无法把握命运。是一只想飞高的风筝，线却握在命运的手里。我常常想，如果我妈上了学读了书呢，会是一种什么样的人生？②想象不出来，但有一点却可以肯定，比现在这样的人生一定要精彩许多。我妈的情商、智商都很高，可惜被埋没了。从古至今，像我妈这样囿于各种条件没上过学的人，究竟有多少？这其中又有多少人才被埋没了？

　　人生恰如一年的四季，春播秋收。误了读书的年龄，就像庄稼误了季，无论如何也是难以弥补，即使补上了些许，也仍是先天营养不良。初进工厂，在我爸的帮助下，我妈开始学习识字，一段时间以后，可以看报纸了。③后来，我的弟妹陆续到来，人口多了，负担重了，我妈上班、做饭、洗衣、带孩子、种房前屋后的菜地、给全家人做鞋织毛衣……片刻不得闲。一家人顶要紧的是吃穿活命，我妈再也无暇、也无心情识字学习了，那些与她本就不是特别熟悉的汉字们，此刻像一个个顽皮的孩子，慢慢从她的脑海中游离出走，消失得无影无踪。

　　我妈不后悔，心中只有这个家，对孩子们的学习尤其看重。我们若是贪玩，她就会现身说法：不好好学习，长大就会像我一样成了"睁眼瞎"，啥用也没有。我妈说这话的神态，常常让我们忍不住想笑，但是她说话的内容，却字字痛在心里。她也许无法意识到，她对文化的渴求、努力、挣扎和虔诚膜拜，其实给了我一种巨大潜在的向上的力量。

　　我妈退休后，重新鼓起了学习的热情和勇气，编

❶ 将母亲比作浮萍和风筝，表现出了母亲受制于人，无法把握命运的无助和痛苦。

❷ 母亲本应该拥有比现在更精彩的人生，却因为没能得到良好的教育而被耽误了，这实在令人遗憾。

❸ 作者一一列举了母亲的工作，生动具体地写出了母亲的忙碌，虽然母亲有心学习，但是繁重的生活压力让她无法继续。

❶ 通过对母亲的动作描写，表现出她对学习这件事的认真和喜爱，也说明其实她一直想要学习，只是被生活耽误了。

❷ 此处讲述了全家人一起吃饭时，母亲复述《红楼梦》的情节的事情，描写出了当时欢快、热闹的场景，同时表现出了"我"的惊喜、快乐。

❸ 母亲除了学习、看书，还喜欢上了旅游，说明她有许多的兴趣爱好，她其实也可以拥有一个丰富、快乐的人生。

织自我的精彩。孙女的课本，成了她的课本，孙女也成了她的老师。①她不懂就问，乐呵呵地，戴着老花镜，满脸认真。我天真地以为，我妈重新拿起课本，不过是让自己过得充实些，只要她高兴就好。我觉得一个人退休后的漫长时光，其实就是简单的一条线，与世无争，无波无澜，不断地重复着健康长寿这一件事，一天接一天地打发时光，往前走，一直走到更远。直到有一天，我发现我妈在看学生版的《红楼梦》，大为惊讶。我的惊讶肯定给了我妈鼓舞和力量。为了证明自己，她认真地说起了书中的人物，林黛玉、贾宝玉、薛宝钗、刘姥姥、贾母……她说的内容，我当时并没有在意，完全被心中滚动着的一股激动的热流主宰了。

七十多岁的人，记性竟然那么好，兴致勃勃、有条不紊地复述给我们听。②那一顿饭，全家人吃得欢声笑语，风生水起，热闹非凡，吃得我泪花飞溅，惊奇连连。

又一天，我妈在读著名作家知侠的《铁道游击队》，这本书是知侠的妻子刘真骅早年签名送我的。搬家几次，已不知所踪，现在，竟然被包上了书皮，在我妈的手里，怎不令人感慨万端？我妈还让我推荐书给她看，我便送她一本李佩甫的长篇小说《城的灯》。这本书所描写的人和事，包括语言、场景，就像发生在我们的村子里，同属中原文化，我妈肯定感到亲近易懂。果然，我再一次回到家时，我妈便说起了《城的灯》：树跑了，这得说说，是得说说……

③我妈喜欢上了旅游，我们陪父母去过北京、青岛、杭州、黄山、秦皇岛、上海……后来我妈患上了湿疹，虽然治愈了，但从此落下了害怕太阳光的毛病，便不

再出远门。以家为中心的附近小区、公园、商场，是我妈生活的主战场，跳广场舞、打花棍、走路、做体操、买菜、打扫卫生做家务，更多的时间是看书，看累了就歇歇。

当年，我爸通过读书从农村考入省城，改变了自身命运，他是全村、全厂公认的文化人、知识分子。①但是，他不喜欢读文学书，退休休了他的专业，让他更觉无书可读。而我妈——以前的"睁眼瞎"，现在却喜欢起了读书，且一本接一本。我是否可以认定，我妈现在已经变成了一个文化人了呢？我妈还喜欢小动物，狗啊、猫啊、鱼啊，她都喜欢养，但是我爸不喜欢，甚至害怕，我妈于是也就不养了。她不想让我爸不高兴。就像这次，我们准备给老人家祝个寿的，我爸不同意，我妈也就不说话了。

这也是我为我妈抱屈的第二件事，她没过过一次生日。

②我的家乡——淮北平原上那个小村子，以及村子周围那一片土地，方圆多少里，我弄不清楚，人们自古就有忘生不过生之说，即忘了生日、忘了年龄，从来不过生日。成语"舍死忘生"，意即不把个人的生死放在心上，有着十足的英雄豪气，那么，我们家乡人的"忘生"，是否也暗含着这么一股人生的豪迈之气呢？

有时候，我也灰暗地想过，人生的意义到底是什么？但是，我觉得我妈退休后的精彩生活其实就挺有意义的，心境平和，与世无争，通情达理，不急不躁，爱丈夫、爱子孙后代、爱美食、爱读书、爱小动物、爱花草、爱听广播、爱看电视……爱人世间可爱的一切。

❶ 父亲是知识分子，却不喜欢读文学书，而母亲本来是"文盲"，现在却很喜欢读书，两者形成了鲜明的对比。

❷ 此处介绍了作者的家乡以及家乡的风俗，解释了父亲不愿给母亲过生日的原因。

一个"爱"字，概括了全部。我倒是羡慕我妈了。

①1928年，胡适在答某君时这样说："人生的意义不在于何以有生，而在于自己怎样生活。"是的，怎样生活？"你若发愤振作起来，决心去寻求生命的意义，去创造自己生命的意义，那么，你活一日便有一日的意义，做一事便添一事的意义，生命无穷，生命的意义也无穷了。"对此，我深信不疑。所谓意义，有时候就是我们看得见、摸得着的身边的琐碎事情，或者就是身边的花花草草吧。关键是，我们拥有一颗怎样的心，去寻求一个怎样的生活。在这一点上，我妈教会了我。

"生活不会急，是你在着急。"这是谁说的？

②妈，母亲节到了，我们送您一束火红的康乃馨吧，我们想永远看到，您和花一样幸福的笑容。

❶ 作者引用胡适先生的话来揭示了人生的意义，引出了下文作者对人生意义的感悟和认识。

❷ 作者最后表达了自己想要看到母亲的笑容，希望母亲能够快乐、幸福的美好愿望。

延伸思考

1. "我"打电话说要给母亲过生日时，父亲为什么拒绝了？

_____

_____

2. 文中说："在这一点上，我妈教会了我。"母亲教会了"我"什么？

_____

_____

3. 说说你对"人生恰如一年的四季，春播秋收"这句话的理解。

_____

_____

那一次故乡行

名师导读▶

　　谁没有故乡？又有谁能忘却自己的故乡呢？本文传承了沈俊峰一贯的文风，简练、朴素、亲切，从生活小事中感悟，读来内容浅显道理却很深刻。

　　前几天，父亲打来电话说，母亲独自回了农村老家，照料她已经九十多岁的老母亲。霎时，那熟悉又陌生的皖西北大平原浮现在眼前，乡情雾霭一般升腾起来。这让我想起2003年那个春节前，我回老家看望老人的情景。

　　^①那天，薄云蔽日，天寒地冻，大风起兮，天地苍茫。抬眼望，一片片农舍掩映在光秃秃的树丛之中，唯有一望无际的麦田呈现出些许冬眠似的嫩绿。

　　走进姥姥家所在的村庄，记忆中的泥墙草屋全都变成了砖瓦房。舅舅家的大门紧锁着，一打听，他们老夫妻俩带着二儿子去女方家相亲了。一只小黑狗的

❶ 作者对老家的环境进行描写，表现出老家的荒凉、落后，推动情节发展，为后文埋下伏笔。

狂吠引来了一个邻家小女孩，她领路，将我带到村南头舅舅家新盖的三间新房，姥姥就住在那里。

推门进去，屋里光线十分昏暗，让人一时无法适应。这是三间房中的其中一间，房盖得倒是挺高，可是唯一的窗户也高，并且很小。姥姥盖着被子坐在床上。见我回来，惊喜挂在脸上。老人家还是那样慈眉善目，平和安详。她一辈子生活在这块贫瘠的土地上，勤劳耕作，与世无争，颇受村人的尊敬。她会用一种草药做成的膏药专治小孩的扁桃体炎，附近村庄的人谁要都给，就连村里一个医学院毕业的亲戚也曾带孩子向她讨药。①别看年纪大了，她照样能烧火做饭，养猪喂牛。姥姥常说的一句话是，能劳动就是福。只是近几年她一到冬天就咳得厉害，只能坐在床上取暖。

冬天，成了姥姥生命的难关。

平原不像山区那样烧柴不愁，平原上那些庄稼秸秆或树枝树叶之类，只够平时烧锅做饭。寒冷季节，农民无柴取暖，又舍不得烧煤，更舍不得用电暖器，他们只能用生命的热量与寒冷相抗。我坐在屋里一会儿，寒气便顺着双脚朝上蹿。姥姥问我，你冷不冷？我说不冷。我知道，二十世纪八九十年代，这里才用上电，我曾经建议给姥姥买个空调，被母亲拒绝了，她说空调在老家开不动。我便给姥姥买了电热毯，在外打工的表弟也给她买过。②我问姥姥，你没铺电热毯吗？姥姥说，铺了，可是不热。我疑惑起来，莫非电热毯坏了？姥姥说，是电不够。我被姥姥说得笑了，伸手摸摸床上，的确，只能感觉到一丝热气，却没有我熟悉的那种电热毯的"热"。以前就听说过这里的电压低，可没有想到竟会低成这样，低到连电热毯都不

❶ 此处刻画出姥姥的形象，是一个勤劳能干、踏实、淳朴的农村妇女形象，令人感到真实、亲切，仿佛就在眼前。

❷ 通过"我"和姥姥的对话描写表现出了电热毯的不对劲，"我"本以为有了电热毯姥姥就不冷了，但似乎事实并非如此。引出下文。

能正常工作。我不甘心，拉亮电灯，头顶上一盏小灯泡暗暗的，有气无力地散发着橘红的光晕。白天尚且如此，晚上又是个啥样？①我的心情突然沉重起来。

姥姥说："你帮我烧把火吧！"我这才发现，床前有一只旧脸盆，还有一堆麦秸。我知道姥姥冷。我抓了一把麦秸放在盆里点燃了，火苗欢欢实实地蹿了起来，哔哔剥剥地响。火光映红了姥姥的脸，屋里温暖了许多。不知怎么，那一刻，我的泪水夺眶而出。

姥姥大概看出我的情绪哪里不对劲儿，又关切地问我是否有些冷，我说不冷。为了证明不冷，我一件一件掀起羊毛衫给她看。②姥姥仍然担忧不已："千层单不如一层棉啊！你还是披着棉袄吧。"我把一件旧棉袄披在身上，周身温暖起来。姥姥说，等过了这个冬天就好了，我可以帮他们干干活，吃闲饭心里难受啊。

在这个还很贫穷的地方，在一位九旬老人面前，在我的姥姥面前，我有了许多的感悟，对生命，对人生，对事业。工作以后，回老家的次数太少了，远离了曾经让我魂牵梦萦的土地，也远离了乡间简单的朴素，我成了一个心灵漂泊的游子。一个人，可以出将入相，可以拥有万贯家财，但是心灵却不可以远离土地。③土地给予了我们仁爱，给予了我们朴素，给予了我们生命的源泉。那一刻，我羞愧难当，惴惴不安，我能为姥姥做些什么呢？！

从那以后，我记住了那次故乡之行，是因为我记住了土地，记住了朴素。

❶ 此处为心理描写。看着昏暗的灯光，"我"惊异于家乡的电力之低，为姥姥的生活感到难过。

❷ 通过语言描写表现出姥姥对"我"的担心，怕"我"冷到，想让"我"穿厚点，也表现出了姥姥的慈祥。

❸ 此处运用了排比的修辞手法，生动地描绘了土地给予我们的东西，表现出土地的慷慨无私和仁爱。

延伸思考

1.赏析"走进姥姥家所在的村庄，记忆中的泥墙草屋全都变成了砖瓦房"这句话。

_____

_____

2.赏析"一个人，可以出将入相，可以拥有万贯家财，但是心灵却不可以远离土地"这句话。

_____

_____

3.说说最后一段的作用。

_____

_____

活出三辈子

名师导读 ▶

　　每个人都只有一次生命，而沈俊峰却说人有三辈子。当
自己的时候、当父亲的时候、当姥爷的时候是三种截然不同
的状态。让我们一起阅读本文，看看沈俊峰的一生吧。

　　人有三辈子：自己一辈子，有了孩子一辈子，做
了姥爷是第三辈子。现在，一切皆从容。

　　我五十四岁当了姥爷。觉得自己还很年轻呢，怎
么就当了姥爷？一点心理准备也没有。朋友故作惊奇，
你看上去很年轻啊，不像啊！言下之意，我的外表看
上去要小于实际年龄。① 这或许是时髦的一种夸赞。
但是心里仍然美滋滋的，常常龇着大牙陪着傻乐。每
当这时，就有一个女人半是得意半是仇恨地跟进一句：
嗯，他年轻，心更年轻！

　　我父亲当爷爷是四十八岁，他现在已经光荣地成为
太爷爷了。我爷爷当爷爷的时候，他不知道，后来，有

① 作者虽然知道这可能并不是真的，但心里依旧感到十分开心，"傻乐"一词更是表现出了他的欢快，可见他心里并不认老。

103

人烧纸告诉了他，想必是知道了，一定是偷着乐过。我父亲和我爷爷都身兼两职：爷爷、姥爷。因为他们都有儿有女。我这辈子比不过他们，只能当姥爷。姥爷这个称谓其实蛮悦耳的。没办法，天生愚笨，这辈子干啥事都是比别人落后。计划生育实行好几年了，我才赶上，立马办了独生子女光荣证。如今放开了二胎，按说可以放开手脚一搏，却没有精力、财力和时间，毕竟年岁不饶人。关键是，那个说我心更年轻的人已不再年轻。这让人遗憾，更让人悲哀，人有情有什么用呢？架不住时光无情啊。

①一个比我小七岁的朋友，近来在饭桌上开始喝酒了，边喝边抑制不住地笑。我知道他再次封山育林取得了成功。我说，假如你家老二与我外孙女在一个班上学，你该怎么称呼我？朋友满面红光，哈哈大乐，连说岔了辈了，岔了辈了。唉，没办法，就晚了那么几年，没能跟上时代步伐。心有余而力不足，甚是惭愧。

还是心安理得做姥爷吧。

②开始做姥爷，心不适应。这分明是在一遍遍地告诉自己，老了，老了，不承认也不行。"姥爷"的称号便是一个世人认可的人证。既有人证，赖是赖不了了。

于是，心里有了一点排斥。好像是外孙女的到来，扼杀了我的年轻似的。这当然是内心之魔在作怪。感叹，挣扎，就在那个看不见的沼泽地里越陷越深，眼睁睁看着时光落叶缤纷，雪片一样覆盖在肩头，一片片堆积在脚边，越积越厚。

内心的慌张终于被外孙女福宝的笑赶走了。③这是天使的笑呵，咯咯咯，咯咯咯。这是天籁的笑呵，咯咯咯，咯咯咯。于是，一笑泯恩仇，终于放下了高

① 通过朋友的反应生动地写出了他有了第二个孩子以后难以压制的喜悦之情，连喝酒都控制不住笑意。

② 此处进行过渡，承上启下，作者刚开始成为姥爷的时候并不习惯，觉得自己好像被叫老了，心不甘情不愿的。

③ 外孙女福宝的笑容惹人喜爱，作者放下了心中的排斥。此处美好的环境描写表现出作者心情的愉悦，看着孩子，作者感到了生命的美好。

傲不屈的身段，忘记了年轮的印痕，像记忆复活，眼前重现花好月圆，阳光灿烂。清晨迈步，朝霞满天。傍晚遛弯，晚霞万里。人生的真谛就是享受天伦之乐吧？

一个人是可以活出三辈子的。自己这辈子，是在懵里懵懂中长大的，感觉是稀里糊涂的，跌跌撞撞中就迈入了社会，于是留下了许多的遗憾和伤痛。其实这是本色的自己，但是总觉得没有活明白呀。

待有了孩子，才真正明白了，你从哪儿来？① 你会成为一个仔细的人，和孩子一起成长，看动画片，学小提琴，滑滑梯，陪着学习至深夜，为报考哪所大学而劳心费神。这是第二辈子。这一辈子，像是来世，我努力去避免我的缺憾，哪里跌倒在哪里爬起来，遮风挡雨，目的是不再跌倒，让我的来世无憾地成长。这是实实在在又活了一回，基本上是按照自己的意愿慢慢地成长。但是那时候毕竟年轻，没有经验，穷于应付工作和社会各界，一切都显得手忙脚乱，捉襟见肘，留下许多尴尬和隐痛。

做了姥爷便成了第三辈子，一切皆从容。② 看着一个小娃娃慢慢长大，陪她玩，逗她笑，教她识世间万物，有着站在山巅之感，秋高气爽，金黄一片，尽情感受收获的喜悦。还有比这更好的状态吗？！

"来，让姥爷抱抱。"情不自禁地双手一拍，看着小福宝。她会咯咯笑着背过脸去，故意拒绝，然后再转过脸，然后再背过脸，逗你玩。当你风尘仆仆进门出现在眼前，她会欢乐地"噢噢"地叫，简直是声嘶力竭，那是在与你热情地打招呼呢。今天，才不过十个月，她不会说话，只会扶着桌沿走几步，但是她什

❶ 通过列举一系列的事情写出人生的第二辈子，当有了孩子，人便会变得不一样，更有担当和责任感。

❷ 当姥爷的时候和当父亲的时候显得又有些不一样，更加从容，看着外孙女便觉得开心，人也变得精神了。

105

么都明白，明白无法替代的亲情将她幸福地包裹。

从我爷爷奶奶那一辈，到福宝这一辈，五代人，一百多年了，福宝是最幸福的一代。终于可以衣食无忧，能受到很好的教育了。不容易。

① "姥爷，喊姥爷。"每次这样满怀希望地教她，女儿就在旁边笑着纠正：是姥爷，不是老爷。听到的人忍不住都笑。一个人的乡音真的是能够顽固至死，难以改变。且不去追究这些了，既当了姥爷，离"老爷"也差不远了吧？

一位著名女作家曾说，她怕老，只让孙辈直呼其名，不许喊她"奶奶"，以阻止心中因衰老带来的苦痛。这，是不是有点掩耳盗铃的意思呢？我可不管这些，从今往后，安心当姥爷。

② "姥爷，姥爷！"随便你咋喊。

① 此处讲述了作者教外孙女喊自己时的场景，显得有趣、生动，透露出了家庭中那浓浓的温馨之感。

② 文章最后作者对"姥爷"这个称呼的态度已经截然不同。"随便你咋喊"表现出了作者的豁达和隐藏的喜悦。

延伸思考

1.赏析"感叹，挣扎，就在那个看不见的沼泽地里越陷越深，眼睁睁看着时光落叶缤纷，雪片一样覆盖在肩头，一片片堆积在脚边，越积越厚"这句话。

_____

_____

2.说说"我"当父亲的时候和当姥爷的时候有什么不同？

_____

_____

父母是孩子的一座庙

名师导读 ▶

女儿长大，难免要离开父母，另外组建一个新的家庭。本文讲述的正是沈俊峰的女儿要出嫁的事情，文中充满了父亲对女儿浓浓的不舍之情，以及深深的祝福之情，既有心酸，又有甜蜜，情感细腻，令人动容。

① 一眨眼，女儿就长大了，要出嫁了。

春节前，两家人坐下来商量，定下日子是五月十号，农历四月初四。我当然高兴，却又失落，满满的不舍，心绪莫名低沉起来。做父亲的在这个关口，难道都是这样的心情吗？

其实早就明白，有了女儿，这个日子就不慌不忙地来了，只不过像深夜里笔直马路上遥远的汽车灯光，一时半会儿似乎感觉不到它的移动。太遥远的事，谁去想它？况且，被柴米油盐的日子折腾得疲于奔命。一晃二十多年，就像做了一个甘蔗般的梦，有着悠长

❶ 开门见山，叙述了事情的起因，引出下文。

107

❶ 运用了比喻的修辞手法，生动地写出了这一天来临时作者那慌张、意外、无措的心情。

❷ 同样是结婚，男方父母的心情截然不同，他们只会感到骄傲、轻松、愉悦，表现出了嫁女和娶媳的不同。

❸ 通过流泪这个细节，生动地表现出作者对于女儿即将要出嫁时的复杂心情，既喜悦孩子有了新生活，又为孩子的离开感到难过。

的甜。① 冷不防，这个日子如同一辆急刹停住的车，一下子顶在了鼻尖下，难免让人心乱神慌。

多年的憧憬与企盼，不就是为了这一天吗？本来想笑一笑，终不能张大了嘴，很像小时候烂了嘴角，总是那么呵呵地小心收敛。

嫁女的心情原来是这么复杂。

一下子自我陌生起来，不知道该如何梳理自己了，乱了方寸。真希望能有一个专业网站，去看看其他的父亲们在此时此刻是一个什么样的心情，也好让自己裸露心怀，寻求安慰、鼓励和力量，让心情放松解压一下。

② 亲家老两口的笑完全就是另外一个样子：轻松惬意，舒展奔放，自豪骄傲。嫁女与娶媳，都是儿女大事，却原来截然不同。为什么会这样呢？是悠久传统的熏染，还是男女自身认知的有别或错位？

曾梦想这辈子能儿女双全，人生圆满，但现实总是只见鱼不见熊掌。如今能生二胎了，却像庄稼错了季，走过了头，注定体验不到人生的另外一种心情。

出嫁，意味着要离开这个家了，过他们自己的幸福小日子。

这样的离情别绪，悄悄袭上心头，让人有点魂不守舍。③ 有时候，会莫名流了泪，抹泪时，忍不住又笑，笑自己脆弱和多情。然后，复又沦陷，陷入一个情感的循环。像一个迷路找不到家的孩子，闯到一块情感的荒原，走走停停，打起了转转。已经依傍习惯的精神与情感的世界，似乎坍塌了无法弥补的半边。

脑海中情不自禁放起了电影，一幕幕都是女儿的影子。

自从有了女儿，便有了一种奇妙的感受和改变。

不知不觉中，变了心性。①铁石冷硬的心，慢慢地柔软、温暖和慈爱，不再与人争强斗狠，不再粗声大嗓咆哮，不再说粗话脏话，温和理性，心性向善。所有的改变都像春雨润土，长在肉里，淌在血里。女儿是美的天使，美的天使需要在天使一般的环境里长大，不能受到任何的委屈和伤害。女儿所有的哭笑痛怨怒恨……哪怕是一个小小的情绪，都牵动着父亲最细末的神经。

这神奇的父爱，丝毫不逊色于浓浓的母爱，只不过，人们常常会被它那略显粗糙的外表所迷惑。

北京的春天实在是太短暂了，短暂得像是没有春的存在。三月中旬停止供暖，刚脱下羽绒服，四月初地铁里就开始放了冷气，中午出门散步，可以穿短袖衫了。季节的转换如此仓促急迫。但这并不影响柳芽的静绿，更不影响柳条的婆娑曼舞。

②坐在电脑前，不想看书，不想写字，昏昏然。在百度输入女儿的名字，有关她的新闻、拍摄花絮、获奖视频、影视作品，一万多条，哗地蹦出。这些，已经看过N遍，但是现在，毫无理由地就是想再看看。看了，心才会静下来。

戏中的人生，人生中的戏，留给人太多的思索。沉浸在女儿演绎的艺术世界里，好几次，泪流满面。想起曾经在夜风下酒醉思乡，满面是泪，却笑对天空。心幸福了，伤感便是浮云。③像站在无边的土地上，仰望苍穹，没有空旷、恍惚和虚飘，有的，都是坚实的脚步，像一串闪光的珠链。

欣喜？不舍？抑或淡淡的伤感？说不清楚。这个家，就要成为一个空巢。终有一天，我会孤独无助，撒手一切，宿命难逃。一生中总是要学会默默地、坦

① 此处采用排比的修辞手法，通过三个"不再"表现出了作者对女儿的疼爱，为了女儿，作者改变了许多。

② 作者坐在电脑前，想到女儿即将出嫁根本无心看书写字，只是不停地看着女儿以前的新闻、作品，表现出了老父亲不舍、烦乱的心理。

③ 此处采用了比喻的修辞手法，如果心中是充实、幸福的，那么就不会有空旷和恍惚，一切都是踏实而坚定的。

然地接受一些即将要来临的事情。岁月的无言让我们无师自通，默然承受……

❶ 此处进行插叙，讲述了作者以前看到的一个故事，故事中的父亲沉默却深爱着女儿，而作者也是如此。故事中父亲的话语也表现出了此时作者复杂的心情。

①网上看到一个故事：一个父亲，在女儿嫁人时，笨手笨脚为女儿盘一次头发。他从来没有说过爱你，却又比谁都爱你。"我希望你的他，能够比我更爱你，可又多希望，这一天可以晚一点来……"

我没敢看文字旁边的那个视频，害怕泪奔。这几句并不顺畅的文字，永远地存放于我波澜壮阔的情感的世界里了。

偌大的宴会厅里，人们都在忙忙碌碌。我插不上手，闲着，走走看看。想与人说点什么，又不知道说啥。相熟的，一声声道贺；不相熟的，点头微笑。每一个角落都飘扬着祥和与祝福。

女儿是父亲前世的情人。这个说法，美好，也有点过分，却真实道出了父亲心中复杂万分的那种情感。

小时候，去镇上买小金鱼，一个白色塑料袋，灌满水，将小鱼放进去。薄薄的塑料袋被水撑得肥肥的。一路上都小心谨慎地捧着，生怕被什么尖锐的东西戳破，那里面可是鱼儿赖以生存的生命之水。②此刻，我的心情就像那只肥肥的塑料袋，害怕一星半点儿的尖锐。

❷ 此处采用比喻的修辞手法，作者将自己的心情比作塑料袋，突出了他的脆弱，看似一切平静，但能轻易戳破，让情感汹涌而出。

女儿的一个朋友笑着将我拦住："叔，此刻的心情是啥样的？"我急忙对他做出一个制止的手势，别问，不能问，哪怕只是一句话，也能戳破那只盛满水的塑料袋。终有一天，他能体会到我此刻的心情。

忽地想起，我结婚的时候，怎么就没有注意到双方家长的感受呢？父母忙着筹钱为我买家具，找人搞票买电视机、洗衣机，感觉他们始终是愁眉苦脸、心事重重的样子，没看到有多少高兴的笑容。我理解，他们把我打发出去，便减轻了生活的负担，也了却人生的一件大事。到了丈母娘家，一群人乱糟糟的，也没有注意到他们的表情。^①家长的伤感多是隐藏着的，他们呈现给孩子的，多是笑容；没有呈现的，是愁和泪，或者更多。当然也有例外。

儿时，邻家嫁女，看到新娘子的妈妈靠在门框上擦泪，孤独地望着接亲的队伍越走越远。不谙世事的我们为此讨论过，瞧瞧，门窗上贴着双喜字呢，明明是喜事，为啥还要淌泪呢？

婚礼前，女儿住在宾馆客房里，伴娘、花童等人都聚在那里，忙着化妆、拍照、录像。我不敢去那个屋里，只躲在自己的房中。后来，终于还是去了，看到女儿穿着婚纱，坐在那里化妆。站着，静静地看。录像的小伙子或许太年轻，将摄像机凑上来，说，叔，说说你的心情。^②看看他，摆摆手，扭头便走开了。转身的刹那，有液体从脸上奔涌下来。于是，急忙逃走。后来又后悔，那天，应该和女儿合张影的……

有段时间，女儿在一摞花花绿绿的纸上，一张张写上："感谢您在百忙之中前来参加我们的婚礼，能够得到您的见证与祝福，是我们的荣幸。"落款下面还画了一个笑脸。稚气未脱、快乐幸福的心情跃然纸上。从下午写到深夜，第二天接着写，要写几百张。看着心疼，想起当年她做作业的样子。^③"这个回执只能我自己写。"女儿的话，让我恍然大悟，女儿写的这些字，寄托着她的情与爱，是对爱情的执着与憧憬，她需要用心、用灵魂去完成，别人代劳，便失去了意义。

答谢礼物中，有一枝干花，包裹着一支棒棒糖。

❶ 作者回忆以前，发现自己结婚的时候并没有发现家长们的感受。这句话既解释了自己没有注意到的原因，也暗示了作者此时不愿被女儿发现自己伤感的心情。

❷ 女儿出嫁，作者感到万分不舍，被人这么一问就控制不住了，因此赶紧转身，不愿他人看见自己失态。

❸ 此处采用语言描写，虽然写这些请柬十分辛苦，但是女儿依旧十分坚定地想要自己一人完成，这里面寄托了她的期盼和爱。

还有一个小托盘，养着一个多肉小植物。小多肉像一朵盛开的莲花，叶瓣尖儿桃红，肉乎乎的。我还是第一次知道怎么养它：保证阳光，一个礼拜浇一次透水。还有一块女儿亲手做的小肥皂，肥皂上刻着他俩的拼音签名。女儿，你对爱情的所有心思和情意，都凝聚在这些小小的礼物中了吗？

婚礼，是爱情最庄严的一个签字仪式。

在这个世界上，再没有比父亲对女儿的祝福更虔诚更执着的了。

①婚礼即将开始，躲闪的心再也难以脱逃。像一只累瘫的兔子，束手就擒。

一位老大姐笑着劝慰：嫁女，虽然这一会儿心里难受，往后便都是笑。说得我果然忍不住地笑。娶儿媳妇呢？她说，相反，虽然这一会儿高兴，往后却多有难受。

不知道她是从母亲还是从婆婆的角度，总结出了这个貌似深刻的道理，但是我总怀疑她这些话带有诸多旧时媒婆语言的含量。

如果没有女儿，真不知道如何打发这几十年的光阴。如果没有女儿演的那些影视作品，也不知道该如何渡过那些涩重的时光。女儿的成长，便是我人生的希望。一晃，已是中年，按四季换算，应该快到深秋。②人常说哀乐中年，这是不是说，中年的欢乐里，夹杂着一丝辛酸？中年的悲哀里，也还有许多的欢乐和安慰呢？

③人生的滋味，需要一点一滴慢慢品尝，就像时光的四季，任何一天都不要浮皮潦草，因为，世上没有哪一天是风景完全相同的。所有的时光，都是上苍

① 此处采用了比喻的修辞手法，作者将自己比作兔子，表现出了自己想要逃避的心理，"累瘫"则说明他根本无法逃避。

② 作者引用名句，表达出了人们到了中年时期的复杂情感。通过两个问句，表现出了作者既欢乐又心酸的复杂心理。

③ 每个人的人生都是独一无二的，需要细细感受，慢慢品味，才能感受到人生的滋味，才能不虚度时光。

的慷慨赐予。

婚礼彩排那天，我将女儿的手，郑重地交到女婿的手里，司仪问要不要给我一个话筒，说点什么，我说不要。对着话筒是说给别人听的，而我，只想说给自己听。

生活不是表演，那种对表演生活的喝彩与掌声，是轻浅的呈现。

看到一个资料，某著名作家在女儿的婚礼上说：今天，我很悲痛……

我没有勇气像那位作家一样直抒胸臆，我只能遮遮掩掩，像一个矫情的汉子，但内心的情感却是万马奔腾。将女儿的手放到女婿的手中，然后，转身，退下长台。霎时，所有的灯光和目光，都聚集在了通往前方舞台的那一半长台上，祝福、鲜花、掌声和欢呼都抛向了那里，抛给一对新人。我静静地退下，躲在人群中，将心中所有的情和爱，抛撒出去，尔后，独自疗伤。这个时刻，应该是父亲最幸福、最勇敢，也是最悲情的时刻吧？

后来，许多朋友说，看到视频的这一幕，被我转身的那一瞬感动了。

我一直不敢看那个视频，但是我想说，那是一个父亲的转身。他的身后，是对女儿满满的爱和祝福。

一个老友说他的女儿好好的大学不想上了，要去欧洲留学。① 老友犹豫难断，同意吧，害怕女儿以后根扎国外，更何况，那几十万元费用从何而来？不同意呢，担心她精神受不了，影响成长。

我劝他同意。父母总希望孩子飞得高远有出息，现在孩子决心出国留学，不就是梦想的开始、飞翔的

① 此处写出了老友矛盾、犹豫的心理，担心经济压力，担心女儿远去，但更担心女儿的健康成长，表现出了老友对女儿的关怀和爱。

113

开始吗？

这位老友，大概就像我面对女儿出嫁时的心情，交织着不舍、慌乱、恐惧、失落……① 从今往后，我这棵大树将渐渐进入秋冬，黄叶飘落，唯有光溜溜的枝杈，遮不了风，也挡不了雨，孤寂独处，默望远方，传递祝福。

后来，每每看到老友发的女儿在国外的消息和自己的幸福，我都会心一笑。从图片和文字中，能看到他的自豪和骄傲，心底流淌着的阳光和敞亮。

孩子教会了我们默默注视，注视着他们奔跑和飞翔。我们的生命呢，一多半拴在了孩子的翅膀上。

② 忽地想到旷野中的寺庙。善男信女需要的时候，会去跪拜焚香，寻求精神寄托。香客寥落时，它也仍然庇佑着信徒众生。它存在的意义，就是信徒灵魂的依托。想来，父母便是孩子的一座寺庙吧？

❶ 在"我"年轻力壮的时候，是能为女儿遮风挡雨的大树，如今"我"年纪大了，女儿也有了新家，树也逐渐枯萎，只能默默祝福女儿了。

❷ 篇末点题，点明了父母和寺庙的关联。不管儿女在哪，父母都是孩子们的依托，守护着孩子们。

延伸思考

1. 请赏析"其实早就明白，有了女儿，这个日子就不慌不忙地来了，只不过像深夜里笔直马路上遥远的汽车灯光，一时半会儿似乎感觉不到它的移动"这句话。

2. 作者为什么要写女儿亲自写请柬和精心准备答谢礼物的事情？

清风掠过

名师导读▶

　　本文讲述了沈俊峰那些逝去的亲人。他们被埋葬在故乡，静静地在土地中安眠，而我们虽和他们隔着生和死的距离，彼此间的血缘关系却是不会断的。

　　埋葬了亲人的地方，是故乡。

　　村庄掩映于林木的绿海，一如土地的静默。青青的麦苗，蓬蓬勃勃。梦中的故乡，又一次复活成温馨的现实。

　　爷爷埋在沈庄北面的那片庄稼地，已经半个多世纪了。一次回乡，大伯带我去找。那块地早已分给了村民。①许多年前，移风易俗，坟头被铲平了，从此落寞成一片平地。爷爷像一粒黄土跌入野草荒丛。几十年过去，天上人间，桑田沧海，村民多弃了老宅，另起新居，村庄在不露声色中，风化般悄悄南移，越移越远。参照物变了，爷爷的安息之地更是难以找寻。

① 时间已经过去许久，埋葬爷爷的那块地虽然还在，但已经变得和原来完全不一样了，连参照物都没有了，引出了下文寻找坟地的过程。

高远深秋下，红芋藤攀爬勾连，碧绿得漫天遍野，生机勃勃。大伯站在红芋地里，四顾茫然。他左察右巡，步行丈量，费尽思量，也只能找到一个大概。爷爷在那一片红芋地下，和他的子孙捉起了迷藏。

地头点燃了一挂鞭炮，立刻有了噼里啪啦的脆响。静寂的苍天和大地，让鞭炮响得苍瘪，像是局促不安。而我孤零零的心霎时肃穆，彻底匍匐。是长眠于地下的亲人，让我的情感和魂灵，更虔诚地与天地夯实在了一起。

① 爷爷离世的时候还很年轻。他的音容笑貌穿过亲人的话语，活在了我的脑海。他上过私塾，喜欢听书，积累了一肚子忠勇侠义的故事。他爱讲古，用历史的余音残沫涂抹了乡野农活外的色彩。新中国成立初期，他当村里的农协主席，领着老少爷们为前线的解放军运粮送衣。一挂装满支前物资的大车翻倒在冰封雪盖的水塘里，几名解放军战士带头跳下水，将大车和物资打捞了上来。爷爷打内心敬佩解放军仁义，经常说起这事，像说一段评书。

很想为爷爷立一块碑，刻上"一个敬佩解放军的识字农民"。睹物思人，有碑为证，家风便也有了更好的传承。但这是奢望，我只能在心里一遍又一遍地记忆爷爷的位置，想象着他的模样，他是一个什么性格的人？有着怎样的经历？他的痛、他的泪、他的不屈、他的挣扎、他的希冀、他的喜悦……忽地汗颜，爷爷的名字呢？太爷的名字呢？我连先人们的名字也一无所知。

不应该忘记的忘记了，不应该轻视的轻视了，来路一片模糊，心中一片空白……我惶惑难安，该怎样

① 爷爷虽然早早离开了"我"，但是爷爷的音容面貌通过家人们的讲述深深留在了"我"的脑海中。

梳理和牢记自己的一路走来?

①九旬的奶奶埋在庄西的一块地里。那是我堂弟家的地。

父亲领着我们几个孩子回到乡下,送奶奶最后一程。请来的戏班子一波又一波哭唱奶奶的丰功伟绩。随后,农用车载着棺木,在平坦的"村村通"上一路前行,孝子贤孙送她去火葬场。后来,奶奶被放进盒子,盒子被放进棺木,然后一路回家,下葬。堂弟家的地里,已经挖好了深深的墓穴。将棺木轻轻放进去,用泥土覆盖,庄稼地又变成了平平整整的庄稼地。大地默然接纳了她的又一个子民。

在土地上摸爬滚打、追求生命的人,对土地有着宗教般的感情,丢不下那份眷恋,永远地藕断丝连。慎终追远、孝字为本、生者为重,但是奶奶的身后事却让我心有所悟,生是大事,死也是大事。②皈依土地、入土为安的决心,像有着无数道弯的长江和黄河,历尽艰辛也要归入大海。这种坚定不移的意志,割不断的情感,是不是一种有价值的文化呢?

今年正月,我开车回乡,想看看姥姥。下雨,地面泥泞。换上表弟的胶鞋,在暄土里仍然迈不动脚。一条新修的高速路,离我大舅家的地只有几丈远,姥姥的坟就在我大舅家的地里。麦苗趴在地上,积雪还没有化尽。站在地头,看着孤零零的坟,我忆起姥姥的许多往事。③姥姥在这里,会一直牵着我的魂,我不会忘记黄土平原上这个普通的庄子,我会一趟趟地回来,像大雁南归。

出了庄稼地,以那条高速路为坐标,又找准了一根高压电线杆,我记死了它们。对逝去亲人的最好祭

① 此处自然过渡,介绍了奶奶的埋葬地点,同时引出下文埋葬奶奶时的场景。

② 此处采用比喻的修辞手法,用长江和黄河表现出了人们皈依土地、入土为安的决心无比坚定,无法动摇。

③ 姥姥留在了这里,"我"便经常回来看望她。"一趟趟"写出了次数之多。同时作者运用比喻的修辞手法写出了自己对这个庄子的留念。

117

祀,是记住他们在哪里。记住了他们,才知道自己是谁,将走向哪里。

小时候,看到地里的坟头便有些害怕,但是乡里的大人孩子都不怕。受了委屈的婶子大娘或小媳妇,会跑到亲人的坟头哭一场,诉一怀,心里便敞亮许多。在乡亲的眼里,那不是坟头,那是一个寄托灵魂的地方,一个维系血脉亲情的纽带。

亲人就在那里,没有走远,永远都不会走远,他们和大地融为一体。

① 去看看他们吧——那些逝去的亲人,哪怕只是看一眼他们长眠的那片土地,也是好。

❶ 文章最后作者发出呼吁,呼吁人们去看望那些逝去的亲人。那些亲人就留在那片土地上,静静等待着。

延伸思考

1. 文章开头写爷爷的时候采用了插叙的写作手法,说说这样有什么好处。

_____

_____

2. 赏析"地头点燃了一挂鞭炮,立刻有了噼里啪啦的脆响。静寂的苍天和大地,让鞭炮响得苍瘪,像是局促不安"这句话。

_____

_____

3. 作者眼中的爷爷是怎么样的?

_____

_____

最美的笑容

名师导读 ▶

在你的心中，最美的笑容是怎样的？是绝代佳人的回眸一笑？是英雄豪杰的爽朗大笑？还是孩童的纯真笑容？在沈俊峰心中，始终无法忘记成本华死前的笑容。

大江东去，奔腾向海。在安徽和县，长江的走向由南向北，被称为乌江，就是西楚霸王自刎的那个大名鼎鼎的乌江。

① "生当作人杰，死亦为鬼雄。至今思项羽，不肯过江东。""千古第一才女"李清照的这二十个字，弥漫了多少人心中的悲壮、崇敬和铮铮剑气？乌江的这个故事，成了令许多人无限遐想的精神的圆月。

和县，与南京一江之隔，历史悠久。公元前 221 年，置历阳县，属九江郡。② 公元 555 年，南梁、北齐在此议和，遂改名和州。辛亥革命后，改称和县。和县有四个历史文化景点曾入选中小学教科书：和县猿人、

❶ 此处引用李清照的诗句点明了乌江的故事，增加了读者对乌江的印象。

❷ 此处简单介绍了和县的历史，以及和县名字的更替，引出下文作者对和县的介绍。

119

霸王祠、天门山、陋室。和县猿人距今三四十万年，为目前我国唯一保存完整的猿人头盖骨化石。"天门中断楚江开，碧水东流至此回。两岸青山相对出，孤帆一片日边来。"诗仙李白将胸中的浩荡与澎湃，化作了笔下的激越和豪迈。刘禹锡先生坐在和州那个小小的陋室，按捺住磅礴的热血，手抚古弦，低唱浅吟："山不在高，有仙则名，水不在深，有龙则灵……"微言大义，方寸雷霆，成为后世人生抹不去的修行和"铭"记。

①说起这些，我就非常想去和县，遗憾的是，一直未能成行。

去年，偶尔翻过一本书，忘了书名，但书中的两张照片，至今难忘。照片上，一名年轻女子，双手抱在胸前，立在那里，脸上挂着笑。女子的身边，围着几个恶魔样的侵华日军士兵，面露欣赏战利品一般的得意与狰狞。

女子的脸上，是怎样的一种笑呢？轻蔑，冷寒，无视，凛然，不屈，视死如归……这名年轻女子，我们的同胞，她当然明白，落入魔窟，等待她的，唯有死亡。死亡就在眼前，就在身边，甚至能看到阴森的影子，能嗅到恐怖的气息。**②**但是，她就这样，以这样的笑，以这样的无畏，面向屠刀，面向死亡。这样的笑，挂在这样一张年轻的脸上，让人无言地心痛。这个笑容，成了一个滴血的烙印，刻在了我的心田。

这位女英雄是谁？在哪儿牺牲？是哪儿的人？

八十年前，也就是1938年，日本朝日新闻出版社发行的《中国事变画报》上，印着侵华日军记者渡边拍摄的逮捕、杀害这位女英雄的两张相片，也就是我在一本书中看到的那两张照片。这两张照片后来被人

❶ 此处为过渡段，作者听闻李白和刘禹锡先生对和县的天门山和陋室等经典的夸赞，也想一饱眼福，表达了作者的渴望和没有成行的失落。

❷ 面对侵华的日军，面对死亡的临近，女子脸上不见一丝害怕，反而挂着笑容，表现出了女子的从容、淡定、无所畏惧。

从历史云烟中挖掘了出来。画报上有文字注释："①和县城门上唯一的一位坚持不退，成为俘虏的敌军女士兵，她的名字叫成本华。她的身上系着一条刻有'中国女童军'的皮带，最重要的是她在被俘后坚决不自白，是不投降的抗日女英雄。"

另外，侵华日军上等兵东齐明在《第六师团转战实话》中回忆："进入和县，我们第一次见到了女战士战死的景象。她的年纪有二十二三岁的样子，袖章上有'中国女童军'的字样。"

这位女英雄是成本华，和县人，就牺牲在她的家乡乌江岸边。

真没想到，这样一位令国人敬仰与心碎的最美女英雄，是和县人。

②今年春节，我终于如愿去了和县，参观了霸王祠、镇淮楼、天门山、陋室等人文古迹和景点，最令人震撼的，还是女英雄成本华，因为，她离我们最近，我们被侵略的那种深入骨髓的疼痛仍然清晰，仿佛就在昨天。

当地朋友告诉我，成本华是和县历阳镇高巷村人，生于1914年，牺牲于1938年，年仅二十四岁。其家谱记载，父亲成持和，母亲梁氏，她在家排行老三，人称"三姑娘"。她家以种菜和做小生意为生，家境不错。

成本华读过和县中学，参加过童子军。当时和县中学的童子军编为1194团，帮抗日部队做宣传、搞慰问和服务。1938年4月23日，一股侵华日军从占领的芜湖出发，翌日在和县的长江金河口抢滩登陆，下午由东门攻进和县城。成本华就是在那场激战中不幸落入敌手的。

❶ 此处揭开了这位女英雄的身份，对她的名字、身份、穿着，进行了简单的介绍，她原来是为了守护秘密而被杀害的。

❷ "我"终于去了和县参观，这里的人文古迹和景点果然令人惊叹，但女英雄成本华更令人震撼，令人触动。

❶ 成本华是中国普普通通的一个老百姓，但她却为了国家而牺牲了自己，她的付出让她格外耀眼。

❷ 成本华的塑像后面是古城墙，在过去，中国历经了众多的风风雨雨，那段岁月充满了鲜血和泪水，如同那城墙般破败。

❸ 在和县，从古至今都不缺英雄豪杰，有不肯过江东的项王，也有如今为国牺牲的女英雄。

❹ 文章篇末点题，在作者眼中，成本华留在人间的最后笑容是最美的笑，这是对命运的不屈，对死亡的无畏。

遗憾的是，成本华留给我们的史料太少。① 她太普通，普通得就像这片土地上的一株生命力极强的野草。春来秋往，一生短暂，却迸发出了灿烂的生命之光。

为了纪念、缅怀这位女英雄，和县人民在得胜河西畔建了纪念广场：一块长方形巨石上，镌刻着"抗日女英雄成本华纪念广场"几个金色大字。广场中央，矗立着成本华的塑像，塑像完全按相片上女英雄的形象，忠于历史，栩栩如生。② 塑像的身后，立着一堵残破的古城墙，象征着中华民族遭遇的那个风雨飘摇的残酷而凄苦的岁月。塑像的右后方，是一扇文化长墙，介绍了成本华壮烈的一生。塑像的左后方，是一座汉白玉石雕的巨幅日历，日历的时间定格在 1938 年（农历戊寅年）4 月 24 日，是成本华英勇就义的时间。

③ 在和县，始终被一种无声的英雄气息感染着。脑海中穿古历今、摇曳缤纷，我想到司马迁笔下那个战旗猎猎的壮阔，眼前便有了兵车如云、剑戟如林，呐喊与厮杀滚滚雷震的画面。

英雄笑了，也是一种冷笑，一种面对敌人才有的冷笑，一种面对死亡才有的冷笑。自此，乌江的风和浪，便再也没有停息对英雄气节的抒发和吟唱。

两千多年过去了，乌江之水浩荡无尽，恰如那奔涌不息的浩然之气，一脉相承。英雄从来都在，那是这片土地的灵魂。

④成本华留在人世间最后的笑容，是这个世界上最美、最有力量，也是最苦、最痛的笑。请记住，这个面向死亡的笑。

延伸思考

1. 文中进行了多次引用，作者引用了李清照、李白、刘禹锡等著名诗人的诗句有什么好处？

_____

_____

2. 成本华死前，脸上为什么挂着笑容？说说你的看法。

_____

_____

3. 简单赏析"照片上，一名年轻女子，双手抱在胸前，立在那里，脸上挂着笑。女子的身边，围着几个恶魔样的侵华日军士兵，面露欣赏战利品一般的得意与狰狞"这段话。

_____

_____

先烈家书抵万金

名师导读▶

古有鸿雁传书，今有电话报平安。古往今来，家书都具有重要的意义。本文中，沈俊峰回忆了革命先烈查茂德的事迹，表达了对先烈的缅怀和敬佩之情。

❶文章开篇介绍了时间、天气和事情的起因，引出后文去瞻仰故居和墓地的事情。

半夜醒来，大雨还在下。①早饭后，革命先烈查茂德的侄子查芳林和安徽省霍山县政协的同志赶来，雨势丝毫未小。我们只能冒雨前往瞻仰查茂德故居和其父之墓了。

作家梁衡在《百年革命三封家书》一文中，将查茂德的与妻书和"黄花岗七十二烈士"之一林觉民、共和国元帅聂荣臻的家书一并提及，展现了"百年革命，三封家书，一条红线，舍己为国"的宏阔题旨。

霍山是我的第二故乡，查茂德故居离我曾经工作的地方仅有几里路，我却不知道他，这真是憾事。

"霍山是红军的摇篮，烈士多，你不可能都知道。"县政协的同志安慰我。①霍山在册烈士就有两千九百七十七人，那个时候，十五岁至四十五岁的男子，一边生产一边拿枪战斗，保卫胜利果实。全县人口二十多万，拿枪的就有十万多人。

查芳林说，查茂德是家中长子，下面有一个弟弟和三个妹妹。查茂德八岁读私塾，因生活贫困十岁去放牛。查茂德走上革命道路，是受了父亲影响。

查茂德的父亲查知凯是一名共产党员。1929年冬，石家河武装暴动成功，他担任了乡苏维埃政府主席，查茂德参加了童子团。主力红军转移后，1930年7月24日，驻守麻埠镇的国民党部队和还乡团反攻来到石家河，将查知凯等人逮去。②查知凯受尽种种酷刑，最后被押解到诸佛庵大桥头惨遭砍头。近亲不敢去收尸，只好委托同村的刘定坤出面善后。当时，查茂德和母亲就在旁边，却不能上前相认。母亲忍不住哭了起来，十一岁的查茂德强忍悲痛，悄悄拽拽母亲的衣襟，让她不要哭，以免被敌人发现斩草除根。

查知凯牺牲后，查家生活没有着落，母亲领着儿女们以乞讨为生到了县城。但是，查茂德心中的革命火焰并没有熄灭，反而越烧越旺。1931年的一天，查茂德上山砍了许多柴，用斧头劈好码放在家门前。③他对母亲说："如果我最近不在家，你不要担心，也不要找我……"母亲听了这话，当时没在意，毕竟他只有十二岁。过了几天，查茂德打着赤膊，挑着一担柴去卖，一去未回。母亲不敢声张，悄悄去找，没有找到，心中便有了数，对外只说"孩子走丢了"。后经多方打听，知道儿子果然是跟着红军走了。这一走便是永别。

① 光霍山在册的烈士就将近三千人，更不用说没有记载在内的了，可见霍山的烈士数量之多，令人感叹。

② 查知凯被抓后受尽了种种折磨，最后被押到大桥头杀害，亲人连尸体都不敢亲自去收，他的悲惨下场为后文查茂德参加革命埋下伏笔。

③ 此处为语言描写，查茂德对母亲的话说明他已经下定了决心要去参加红军，所以才会这么安慰妈妈。

❶ 此处为环境描写，写出了天气的恶劣，大雨滂沱，为后文洪水挡住了去路埋下伏笔。

❷ 查茂德和土匪头子的对话表现出了查茂德的自信和大胆，为了取得土匪的信任和好感，他一个人就去了匪巢。

① 汽车穿行于苍茫雨幕，雨声铺天盖地。

车过诸佛庵镇街道、西石门村，穿过石家河，往瓦背冲村民组驶去。查茂德的故居就在这里。没想到，滔滔洪水拦住了去路。这条河平时水不大，有木桥可以通行，现在，木桥不见了踪影。

对岸的查家旧址背靠一座高山，眼前这条 L 形的河将其围在山脚。透过树丛，隐约可见不远处的查知凯墓。

闻声走过来一个中年汉子，隔河打着手势，比画着说河水太猛，深及脖颈，无法过河。我们便去不远处的村部，坐等雨停水退。

查茂德成为一名红小鬼，随军转战于鄂豫皖苏区，担任过皖西北保卫局通讯员、班长、排长、连长，红四方面军总指挥部一科参谋。长征到达陕北不久，他随军东渡黄河，奔赴抗日战场最前线，任冀南军区司令部二科科长。

1940 年，查茂德参加了著名的百团大战，其后，奉命收编河北魏县的一支土匪武装。② 查茂德单人匹马前往匪巢，土匪头子郭清见了查茂德就紧张地问："你带了多少人马？"查茂德哈哈大笑，向对方大跨几步，真诚地说道："到老兄这里来，带什么人马！"

郭清完全被查茂德的凛然正气镇住，认为共产党对自己特别信任，连连拍着查茂德的肩膀，赞他是一个"好英雄"，顺利被收编。

在同日寇的浴血奋战中，查茂德屡立战功，晋升为冀鲁豫独立旅副旅长。

1947 年 3 月，晋冀鲁豫野战军主力发起豫北战役。

查茂德因伤病正在休养，得知部队要挺进大别山，激动万分。自从离家出走，十几年过去，他从没回过家，也不知道母亲和年幼的弟妹的情况。他渴望能够亲自参加解放家乡的战斗，于是不顾伤痛，毅然请战。3月28日，查茂德率部攻打安阳县崔家桥，以扫除进攻安阳城的障碍。

向崔家桥进攻的前一天夜里，查茂德给爱人张喜如写了一封家信。

喜如妹：

①我俩要短期之分开了。这是我们的敌人给我们的分开之痛苦，只有消灭了我们的敌人，才能消除这个痛苦。

我的病暂时也没有什么要谨（紧），因病得很长，一时亦难除根。我很高兴在党和上级爱护之下给我这五个月的时间休养，很不错。我这此（次）决心到前方要与我们当前的敌人搏斗，拿出最大决心和牺牲精神与人民立功。我第二个高兴是你很好，特别是对我尽到一切的关心和爱护。同时我有两个很天真活泼的小孩，又有男又有女，你想这一切都使我很满足，永远是我高兴的地方。

②战斗是比不得唱戏，不是开玩笑，要有牺牲的精神才能打垮和消灭敌人。趙（倘）我这次到前方或负伤牺牲都不要难过，谨记我如下之言：

无产阶级的革命一定会成功的，只是时间之长短，但也不是很长的。家人一定要翻身。要求民主与独立，这是全世界劳苦大众都走革命这条道路，苏联革命成

❶ 作战之前，查茂德给爱人写了信，他决定为了国家而暂时舍弃小家，去消灭敌人，只有战争胜利了，他才能和家人长久地团圆。

❷ 战争是残酷的，免不了流血和牺牲，因此出战之前，查茂德就做好了最坏的打算，做好牺牲的准备。

127

功是我们的好榜样。

就是我牺牲了也是很光荣的，是为革命而牺牲，是有价值。在任何情况下我是不屈不挠，坚决□□□部队与敌人战斗到底。一直把敌人消灭尽尽为止。① 望你好好保重身体，多吃饭，不生病，我就死前方放心。同时希你好好抚养丰丰小儿、小女雪雪，长大完成我未完之事。一直完成社会主义革命到共产主义社会。谨记谨记。

我生于一九一九年十月（即民国八年十二月二十四日），家居安徽省霍山县石家河保瓦嘴□。

茂德

一九四七·四·二·□于魏□

临别之写

② 这封信写在随手撕下来的五小张笔记本的纸页上，镇静、乐观，又有几分悲壮，却充满了必胜的信心。

在最艰苦的战斗阶段，查茂德指挥突击队三次越过围寨河，攀登云梯进入崔家桥，都被寨内的敌人反击回来，伤亡惨重。他不顾危险，到前沿阵地亲自指挥突击队一连摧毁了敌人五个据点。4月14日，他手持望远镜观察敌人的阵地安阳城头，准备选择新的突破口，不幸中弹牺牲，年仅二十八岁。

新中国成立后，查茂德被追认为革命烈士。晋冀鲁豫烈士陵园在河北邯郸建成后，查茂德的遗骸迁葬于烈士陵园，他使用过的望远镜陈列在其遗像下。③ 他写的这封家书陈列于河北涉县八路军一二九师师

---

① 此处是查茂德对妻子的叮咛，表现出了他对妻子和孩子们的关心和爱，他并非不爱孩子们，只是选择了国家大义。

② 查茂德临走前的这封信写了足足五小张，可见他有很多话语想要和妻子说，他认为无产阶级革命必定会胜利，但其中少不了牺牲。

③ 此处介绍了查茂德的家信如今的情况，这封家信表达了他对家人的关心和爱意，也表现了他对国家的大义和高度责任感。

部旧址陈列馆内，1979年被收录于中国青年出版社出版的《革命烈士书信选》。安徽省红色区域中心纪念园建成后，查茂德的事迹在纪念馆内展出，其英名被铭刻在纪念园内的英烈墙上，也将永远铭刻在其家乡——霍山人民的心中。

查茂德在信中提到的"两个很天真活泼的小孩"丰丰、雪雪，当时一个三岁，一个才三个月。查丰长大后参军，在东海舰队某部担任参谋长一职，后来转业去了深圳。查雪后来在天津邮政总局工作。

①查丰、查雪的健康成长，还有着一个感人至深的故事。

查茂德、赵海枫、甘思和三人是关系很好的战友，曾经约定不管谁牺牲了，活着的都要照顾好其家属和孩子。

1947年4月安阳战役，原一二九师九旅二十六团副团长、冀鲁豫军区四旅旅长赵海枫受伤，查茂德从前线回到医院，带着两罐豆腐乳去看望他。在医院，两人又说起了约定之事。令人伤感的是，赵海枫因救治无效在医院牺牲，查茂德不久也牺牲在前线。1955年，甘思和被授予少将军衔。

②甘思和将军践行承诺，将查茂德的孩子接到家中抚养。查丰对甘思和将军充满了感激之情，说甘将军把他当作亲儿子一样看待，有好吃的，尽他先吃，家里有了水果，不是甘家的孩子先吃，是让查丰先挑。

查茂德、赵海枫的墓地都在邯郸晋冀鲁豫烈士陵园，比肩相邻。二十世纪五十年代初期，张喜如领着

❶ 此处为过渡段，承上启下，引出了下文关于查丰和查雪的成长故事。

❷ 此处和前文甘思和、查茂德、赵海枫三人关系很好，并定下约定相照应。查丰的话更体现出甘将军对他的关爱。

孩子给查茂德扫墓，看到有人给赵海枫扫墓，才知道是赵海枫的妻子和孩子，他们的生活遇到了困难。张喜如回到北京，向时任华北军区干部部副部长甘思和做了汇报，甘思和通过军区解决了孩子的上学问题和烈士遗属的生活问题。

1954年，张喜如给婆婆，即查茂德的母亲写了一封信，寄了一张自己的照片。①信是用黄表纸写的，说："母亲大人……茂德十几年在外南征北战，没有尽到孝……"张喜如将国家发的抚恤金全部寄给了婆婆。她想到大别山看看婆婆，终因路途遥远交通不便而未能成行……

① 此处记述了信纸上的内容，表达了张喜如不能向婆婆尽孝的歉意和遗憾，也体现了张喜如对婆婆的关心、爱护。

后来，查雪给查芳林寄了一张查茂德与妻子的合影。照片上，从不戴眼镜的查茂德却戴着一副眼镜。这是因为1946年，在对敌作战中，查茂德的左眼被打瞎，后来在邢台一家德国人的诊所装了假眼。

临近晌午，雨渐渐变小，但是河水仍然汹涌澎湃。我们只能原路返回。

那天，夜宿诸佛庵画家村，耳边响彻着轰轰隆隆的洪水声，脑海中电影般流过百年来各个时段的经典画面。②历史，不就是一条奔流不息的河流吗？我听见了令人震撼的河流的回声。

② 此处采用了比喻和反问的修辞手法，作者由洪水联想到历史长河，生动地写出了历史奔流不息的特点。

延伸思考

1. "母亲忍不住哭了起来，十一岁的查茂德强忍悲痛，悄悄拽拽母亲的衣襟，让她不要哭，以免被敌人发现斩草除根。"这句话表现出了查茂德的什么性格？

_____

_____

2. 说说小查茂德离开家的时候为什么要"打着赤膊，挑着一担柴去卖"？

_____

_____

3. 文中提到的河水有什么作用？

_____

_____

假如可以再生，我仍选择中国

名师导读 ▶

　　如今的中国越来越好，这离不开无数先辈们的无私付出。邓稼先为了研究先进武器，让我国强大起来，不再落后于他国，被辐射严重损害了身体，但就算在生命最后一刻，他也没有忘记国家。

❶ 邓稼先已经去世多年，但许鹿希把丈夫的所有痕迹都留了下来，一切都还是丈夫生前的样子，表现了许鹿希对丈夫的怀念和爱。

❷ 钱三强的话说明了邓稼先的后续工作内容，为后文邓稼先的工作调动做铺垫。

　　邓稼先离世已经多年了，但其家中的陈设一如既往。①许鹿希将丈夫生前用过的用具都标上了年代、使用日期，连邓稼先坐过的沙发上的毛巾都没换过。有变化的，是屋里多了一尊邓稼先的半身铜像。

　　许鹿希指着那对沙发对我说：当年杨振宁来看望邓稼先，就是坐在那里。

　　1958年8月的一天，钱三强把邓稼先叫到办公室，幽默地对他说：②"稼先同志，国家要放一个大炮仗，调你去做这项工作，怎么样？"

　　那是一个改变命运的夜晚。

许鹿希说:"那一夜,他一反常态地无法安睡。到后来,他跟我说,他要调动工作。我问他调哪去,他说这不能说,做什么工作也不能说。后来,我说你给我一个回信信箱的号码,我跟你通信,他说也许这都不行。""过了一会儿,他突然说:'我的生命就献给未来的工作了。做好了这件事,我这一生就过得很有意义,就是为它死了也值得!'"

①第二天,邓稼先像变了一个人,从不喜欢照相的他,带着妻子、四岁的女儿和两岁的儿子,到照相馆照了一张全家福。

之后,邓稼先走了。

在许鹿希的记忆中,邓稼先几乎从未休过探亲假。为此,很多人都曾问过许鹿希,为什么能够忍受和丈夫分离长达二十八年?她说,是因为她不仅见过"洋人",还见过"洋鬼子";不仅见过飞机,还见过敌人的飞机在空中盘旋轰炸自己的家园;不仅挨过饿,还被敌人的炮火逼着躲进防空洞忍饥挨冻。

她说因为有了这些与邓稼先共同的经历,才使她能够理解邓稼先,理解他的事业,②同时,她觉得自己也有那一份责任,那一份对祖国的责任。她对丈夫说:"放心吧,我是支持你的!"

我国第一颗原子弹爆炸成功的消息发布后,人们又蹦又跳,高兴极了。

许鹿希说:"很多人问我,1964年10月16日晚上,你是不是和大伙儿一样,手里举着红色号外,高兴得又蹦又跳,欢呼第一颗原子弹爆炸成功了?我如实地回答说:不是,我当时只觉得提到嗓子眼儿处的心,

① 邓稼先的反常恰恰说明了这项工作的艰巨,他知道自己长时间无法回来,也无法联系,才会和家人一起拍了全家福,好让家人有个留念。

② 通过许鹿希的话语可以看出她的坚定和决心,她支持、信任丈夫,愿意为丈夫做好身后的家庭工作。

落下去了。谢天谢地，终于搞成了！"

邓稼先与他的同事们，一代人完成了其他国家五代科学家才完成的任务，一口气从原子弹到氢弹到中子弹，从小型化迈进到电脑模拟核试验。

①1979年，一次爆炸实验失败了，为了找到真正原因，必须到那颗原子弹被摔碎的地方去找回一些重要的部件。邓稼先说："谁也别去，我进去吧。你们去了也找不到。我做的，我知道。"他一个人走进了那片地区，很快找到了核弹头。他用手捧着，走了出来。最后证明，那次失败是降落伞的问题。

就是那一次，强烈的射线严重地损害了邓稼先的身体。从他们寻找部件时留下的照片中可以看到，邓稼先仅穿了件简易的防护服。

邓稼先承受了这一切，隐姓埋名二十八年后，他的生命因过度燃烧而成了残烛。

②邓稼先被确诊为直肠癌那一天，是1985年7月31日。从这一天到1986年7月29日，是许鹿希与丈夫相处的最后一段日子。这最后一年，许鹿希异常心酸。

仔细算来，许鹿希与邓稼先结婚三十三年，朝夕相处的日子只有六年，而能过快乐而平凡家庭生活的就只有结婚的前五年，其余时间，独守家中的许鹿希除了思念就是每日惴惴不安的担心。

即使在邓稼先生命的最后一年，他也不能完全属于她。

手术后，因白细胞数目太低，血相太差，必须中断治疗，医生建议邓稼先回家休养。预感到日子不多了，他对许鹿希说："我有两件事必须做完，那一份建议书

---

❶ 实验总是要经过无数次失败才会成功，为了找到失败的原因，邓稼先独自去寻找核弹头，为后文他的身体情况埋下伏笔。

❷ 许鹿希难得能够和邓稼先团聚，却是在邓稼先确诊了癌症的时候，显出了她的心酸和痛苦。

和那一本书。"他指的是向中央提出的关于我国核武器
发展的建议和规范论。

① 邓稼先已经知道自己是癌症缠身，生命就要走
到尽头了。他感到了时间的紧迫，几乎是置一切于不顾，
在和生命进行最后的赛跑。

那时候，因为疼痛剧烈，不断地注射止痛针，他
身上的针眼密密麻麻，皮肉都扎烂了，满头虚汗。就
是在这样的情况下，他以高度的责任感和事业心，以
顽强的意志在病榻上思索、工作，拼命要做完这一件
事。② 他不断地约同事们到医院来商量，病房变成了
会议室。经过和九院的同事们反复研究讨论，多次修改，
在邓稼先逝世前的三个多月，终于完成了给中央的建
议书……

有一天，邓稼先拉着许鹿希的手，向她描述原子
弹爆炸时的壮丽景象：奇异的闪光，比雷声大得多的
响声翻滚过来，一股挡不住的烟柱笔直地升起……沉
浸在那自己创造的"大漠孤烟直，长河落日圆"的诗
意中，他的声音虽然微弱，却是那么坚定：③ "我不爱
武器，我爱和平，但为了和平，我们需要武器。假如
生命终结后可以再生，那么，我仍选择中国，选择核
事业。"

那天，在舒伯特迷人的音乐中，邓稼先又一次拉
着许鹿希的手，默默地吟诵着肖贝尔的歌词：你安慰
了我生命中的痛苦，使我心中充满了温暖和爱情……

1986 年 6 月 24 日，全国各大报显著版面刊登着
同样的文章——《两弹元勋邓稼先》。7 月 29 日，邓
稼先用最后的呼吸回应了二十八年前的领衔受命：死

❶ 即使是在生命
的最后，邓稼先也
没有考虑到自己，
而是抓紧一切时间
写建议书，体现了
他无私的奉献精神
和爱国精神。

❷ 邓稼先的身体
情况已经十分糟
糕，但他依旧坚持
和同事们研究讨
论，拼命完成了建
议书，体现了他的
顽强意志和极度的
责任心。

❸ 邓稼先虽然投
身于尖端武器方
面，却是为了促进
世界的和平，中国
只有强大起来，才
有足够的话语权，
才能不被欺负。

而无憾！

① 他临终前留下的话仍是如何在尖端武器方面努力："不要让人家把我们落得太远……"

邓稼先的精神、品格和成就令无数后人肃然起敬，深深怀念。

❶ 哪怕临终前，邓稼先依旧想着国家，他牺牲生命也要让国家变得强大起来，他不愿国家落后他国。

延伸思考

1. 请对两弹元勋邓稼先进行简单的评价。

_____

_____

2. 赏析"她说，是因为她不仅见过'洋人'，还见过'洋鬼子'；不仅见过飞机，还见过敌人的飞机在空中盘旋轰炸自己的家园；不仅挨过饿，还被敌人的炮火逼着躲进防空洞忍饥挨冻"这段话。

_____

_____

西　瓜

名师导读 ▶

　　翠绿的外皮，鲜红的果肉，甜津津的滋味，这便是我们印象中的西瓜了。但沈俊峰看到西瓜却总会想起一位老人，想起老人的痛哭，连带着对西瓜也有了特殊的情感。让我们阅读下文，一起看看这是怎么回事吧！

　　十月的一天，我漫步在小区门前的通惠河边，傻傻地望水。这时候，电话响了，家乡亲人告诉我，奶奶九十四岁高龄去世了。①我一时怔住，真的傻了。河水黑黑的，缓慢而无声地流淌，一如我此刻的心情。

　　翌日一大早，我立刻赶往乡下。

　　按照家乡的风俗和规矩，丧事有条不紊地进行。老人高寿，算是喜丧，大家的心里都还比较欣慰和安静。我自小随父母离开家乡，其后曾经回过几趟，有时待的时间也不短，但是记忆仍然停留在改革开放之初。②前来吊唁的人，我大多不认识。突然意识到，自己

① 虽然奶奶已经九十多岁，但是"我"突然接到这个电话还是感到意外和悲痛，因此竟怔住了，不知该怎么办。

② "我"回来吊唁，却发现早已物是人非，"我"对来的人大都感到陌生，说明了时间的无情。

已是奔天命之人，从前庄里熟悉的老人已经悄无声息地过世，年轻一茬的人悄无声息地来到这个世界，于我是完全陌生的。同辈人中，有的去了外地谋生，站在我面前的几个，大都面目模糊，似是而非，恍如云烟。时间，不仅是一把无情的雕刻小刀，还是一个雕塑高手，可以让人在岁月的长河中，悄无声息地完全走样脱形。

沈庄，一个让我既熟悉又陌生的村庄。好在，气息和遗传密码并没有改变，陌生的只是外形。①三言两语，那熟悉的乡音，熟悉的笑容，熟悉的淳朴，就已经将沉睡的细胞唤醒，同宗同姓的天然亲情立刻将身心笼罩。

我问到村西头的三老爷，他怎么样了？

他们告诉我：死多年了！

不觉心下凄然。那是个多么慈眉善目的老头。在沈庄，三老爷也是一个有趣的人物。他有个口头禅：可怜呀！说起什么事、什么人来，都会随口来这么一句：可怜呀！于是，乡亲们就给他起了一个绰号：可怜。他结婚比较晚，老婆半路上死了，留下一个儿子。后来又找了老婆，老婆抱养了一个小妮，算是儿女双全。②三老爷长得白白净净，心灵手巧，做鞋、做衣服，手艺比女人还要好。传说，刚结婚不久，媳妇做鞋，他拿过来看了看，随手就扔了，然后自己动手做。对那些会厨师手艺的人，乡人称作"居匠"，三老爷是方圆有名的居匠。周围庄子上谁家有了红白喜事，都会请他去。我父母那次回乡，特意去看过他，母亲说，他的眼睛似乎肿在一起，睁不开，袖头子脏得明晃晃

① 虽然大家的样子都变了，但是气息依旧。三个"熟悉"生动地写出了家乡的亲切，彼此间的亲情并不会因为时间而改变。

② 生动细腻地刻画出了三老爷的人物形象，他是个长相白净，心灵手巧，手艺精湛，爱干净的慈祥老头儿。

的，发硬，像剃头匠使用多年的钢刀布。大风把他家的房子给掀了，房檐上的麦草被胡乱压着许多泥巴墩子。后来，三老爷就死了，他的老婆也死了。老一辈人都感叹，一个一辈子极讲究、极爱干净的人，死前竟然弄得那么脏！

①说实话，三老爷活在我心中的理由，更多的是因为西瓜。我一直对西瓜感到神奇，咋就从无到有，从小到大，长啊长啊，长成了那么甜的瓜瓤呢？南宋文天祥在《咏西瓜》一诗中，有诗句"下咽顿除烟火气，入齿便作冰雪声"。元代王祯在《农书》中，用"醍醐灌顶，甘露洒心"来形容吃西瓜时的感觉。这些，也是我的感觉啊！

❶ 此处自然过渡，作者从三老爷联想到了西瓜，引出了下文作者对西瓜的印象。

三老爷那一年种的西瓜，一直鲜活地生动地生长在我的记忆里。随着年岁的增加，他的那些西瓜愈来愈沉，几乎让我承重不起。

那年夏天，颍州持续干旱，不见一滴雨。②天，像一个烙饼的大鏊子倒扣在头顶上，让人透不过气，烤得人畜无处躲藏。狗拖着长舌头趴在树荫下，连叫的力气都没有。地晒得裂了口，庄稼蔫头耷脑，大地似乎点一根火柴就会冒烟。偶尔去赶集，见柏油马路也被晒化了，油汪汪的柏油能把行人的鞋粘掉，马车轮子撕扯路面的声音，让人听了心里像塞了一把麦芒。

❷ 作者将天比作烙饼的大鏊子，表现出了空气的闷热。同时用通过描写狗、地面、庄稼、马路等，生动地写出了天热炎热，令人难以忍受。

人们躲着太阳不下地。不是怕热，乡下人从来都不怕热，只是，有水也不敢白天浇，怕把庄稼烫死。只等太阳落下，或是太阳还没有出来时，才忙着上河沟去抢水，一担担挑去浇地。井越打越深，水越来越少。

那是我见过的最忙的一个夏季了。

每天傍晚，三老爷都会挑着两只木桶，从家里出来，去给西瓜浇水。他和老伴住在村西头的两间土坯房里。①我们这些孩子格外关注他，是因为其他人家的地里都栽了姜、葱、豆角、茄子、辣椒，唯独他栽的是西瓜。

三老爷挑着一副铁箍的木桶，慢慢地走，慢慢地浇，似乎心中有着一个什么样的仪式。夜幕降临，我还能影影绰绰地看到他忙碌的身影。三老爷出大力、流大汗，天天伺候那些西瓜，似乎比对自己的家人还上心。西瓜慢慢长大了，三老爷就在地边搭一个瓜棚，住进去，看瓜。他将马灯挂在棚檐上，引得蛾子四下欢飞。②说实话，自从三老爷在地头搭起了瓜棚，我们的心里便充满了神秘和诱惑，目光会时不时往那里瞟。一条馋虫，会时不时爬出来溜达一番。眼看着西瓜快要成熟了，三老爷几乎白天黑夜都在瓜棚，寸步不离，三顿饭都是老伴送到嘴边。

夏夜，庄上的男人多是拿一张席子，铺在大树下当床。③一天深夜，我被一个巨大的哭声惊醒，吓了一跳。仔细辨别，发现那是三老爷在哭。那凄惨的哭声就出自他的喉咙，绝望、悠长、浑浊、嘶哑，像一头老牛发出的压抑许久的声音，绵绵不断。

三老爷这是咋了？

一个历经沧桑的老人，一个男人，在万籁俱寂的深夜，发出了那么巨响的、几近绝望的哀鸣，实在是惊天动地，震动了整个庄子。我还是第一次见到一个男人会这样哭。哭声像一块碎玻璃碴子，无声地刺进

① 此处解释了孩子们格外关注三老爷家的地的原因，突出了三老爷和其他人家的不同，引出下文。

② 有了瓜棚以后，瓜棚就无时无刻不在吸引"我"和小伙伴。"瞟""时不时"等词生动地表现出了"我"和小伙伴的好奇。

③ "我"在熟睡中被哭声惊醒，可见哭声之大。同时作者采用比喻的修辞手法，突出了三老爷哭声的嘶哑，表现出了他的绝望、痛苦。

了我的骨头里。直到现在，几十年过去了，那声音还一直深深嵌埋在我的记忆里，时不时会浮现出来。那是我对生活艰辛、对人生绝望的最初的感受。想忘，忘不了。有些人和事，是忘不掉的。

①清晨，我去了三老爷的瓜地。只见遍地狼藉，残红的西瓜瓤和绿莹莹的瓜皮撒了一地。三老爷把一个大筛子放在地上，然后搬起一个大西瓜，在瓜蒂处轻轻一按，便烂了一个拳头般大的洞，一倒，只听哗啦一声，西瓜瓤变成了水，猛地冲下来，筛子里只剩下黑黑的瓜子了。哭累了的三老爷满脸阴沉，一声不吭，就那样，慢慢地收拾瓜子。一百多天的辛苦和汗水，只换来了这些瓜子！我的心里很难受，默默地帮着三老爷端着筛子，收拾西瓜。做着眼前的一切，他对我似乎还有点歉意的笑容，那笑容分明是告诉我，没有一个西瓜可以吃了。在我看来，那笑比哭难看多了。

庄上几乎没有秘密可言，我很快就知道了事情的真相。②有一天，三老爷去赶集，碰到公社一个干部。那干部告诉他，外地有个经验，西瓜快成熟时，在瓜蒂处打上糖精水，西瓜就会很甜。公社干部言之凿凿，三老爷信以为真。回到家后，他果真就给西瓜打上了糖精水。那些西瓜在打了糖精水以后，外表并没有什么变化，谁知道里面已经烂了呢？

三老爷成了老少爷们茶余饭后谈论的笑料，甚至还有人编成了顺口溜："三老爷搞革新，种的西瓜打糖精。糖精水真正甜，一地西瓜全烂完。"后来，顺口溜变成了童谣，被孩子们传唱了很长时间。

❶ 此处进行场景描写，通过满地的烂西瓜解释了三老爷半夜痛哭的原因。

❷ 此处解释了三老爷的西瓜坏掉了的原因。因为公社干部的一句话，没什么文化的三老爷付出了巨大的代价。

❶ 西瓜都坏了，三老爷忙碌了这么久，付出了这么多，什么都没有得到，还要承担巨大的损失，令人痛心。

① 西瓜事件对三老爷是个沉重的打击，那可能是他一生中最灰暗的时光了。他要承担巨大的经济损失，还要承受巨大的精神重负！

痛惜之余，乡人曾为三老爷分析原因：如果他不轻信道听途说，如果那个公社干部不信口开河，如果有科技人员指导……悲剧或许就可以避免。然而，三老爷毕竟只是一个没啥文化的农民，又处在那样一个落后的特殊年代，何忍责怪他太多？

❷ 从三老爷那件事情以后，"我"看到西瓜就会想起三老爷，所以在西瓜贱卖的时候多买点，希望能帮到那些瓜农。

② 自此，我对西瓜有了特殊的感觉，知道一个西瓜长成的不易。有一年，西瓜卖得太便宜了，我知道瓜贱伤农，几乎隔几天就会拿个蛇皮袋去买西瓜。来了朋友不给茶喝，只让吃西瓜。在我心里，那些西瓜就像是三老爷种的。

三老爷早已作古，他的模样我也记不清楚了，但是三老爷挑着水桶的样子，给西瓜浇水的身影，他对我的歉然一笑，那些只剩下瓜子的西瓜，却会时常让我忆起，尤其是他在夜深人静之时惊天动地的哭声，更是锥心。不是吗？

延伸思考

1. 作者为什么说"三老爷活在我心中的理由，更多的是因为西瓜"？

_____

_____

2.赏析"哭累了的三老爷满脸阴沉，一声不吭，就那样，慢慢地收拾瓜子"这句话。

_____

_____

3.为什么说"河水黑黑的，缓慢而无声地流淌，一如我此刻的心情"？

_____

_____

第四辑　闭门问春

　　圣人说一日要三省,这实在是太过苛刻了。每日一省都是扯淡,一月一省、一年一省也根本做不到,也根本就不会去做。谁还自省呢?为啥要自省?别人帮助"省"都是多余,都是敌意,都不能答应。花只能盛开不能败落……限制了思维、扭曲了行动,即使一句温情脉脉的善意的金玉良言,也视为针尖般的刺目。

【预测演练】

阅读下面文字，完成各小题。（18分）

花开君子兰

①已经四个多月了，案头的这盆君子兰一直在开花。乍看上去，君子兰花有点像农村菜园篱笆上攀爬的喇叭花，淡白桃红，虽有一番色彩，却极其朴素，并不是大红大紫。这花先是开了几朵，然后凋零，在花瓣没有完全脱落的情况下，后续的花蕾继续开放。这盆君子兰花就这样前仆后继，自强不息，独自芬芳，丝毫不受外界的影响。

②大约是两年前，我被同事拉去逛花市。以前，我喜欢花草，不过是像农民知道麦子、稻谷、黄豆、高粱、玉米那样，只知道荒山庭院中的兰草花、喇叭花、桃花、李花之类，对于那些花棚中培植出来的名贵花草，却叫不上几个名字，是一个绝对的花盲。

③花市里花草琳琅满目，让人目不暇接。看到一盆君子兰，想想"君子兰"这三个字，不免心动。这盆君子兰生长在一个不大的砖红色塑料花盆里，盆下面是一个塑料小托盘，包装非常简陋。一

问店家，只要十元钱，心下欣喜，觉得物有所值，于是立马"以名取花"，总算没有空手而归。

④这盆君子兰先是放在我的案头，几天后，同事说有花大家赏，于是把它放置在办公室落地玻璃的墙角，属于公共领地。那个位置朝西，只要天晴，君子兰就能西晒一点阳光。没多久，君子兰开花了，这让大家很愉悦，时不时欣赏、议论一番，感叹花开的魅力。爱美之心人皆有之，但是，人们对花的怜爱，其实并不是仅仅一个"美"字所能概括了的，似乎还有更深层次的对生命绽放的怜爱之情、渴望之意吧？人生在世，草木一秋，谁不想绚烂一把呢？

⑤春节前，我换了一个部门。新办公室狭窄、逼仄，东面有一间包厢似的小屋挡着，西面是墙和门，君子兰只能放在我的案头。不管楼外是晴是阴，是雨是雾，它每天都见不到一丝阳光，唯一的亮光来自天花板上的日光灯。懒惰的我唯一能为它做的，是每天将剩余的茶水倒进花盆里，让它渴不着。这盆君子兰虽然身处劣境，地处贫瘠，看不到太阳，也见不到月亮，但是它并没有丝毫气馁和挫折感，仍旧花开如常，傲然挺立。它肥硕的叶片翠绿茁壮，呈现出一派勃勃生机。这盆君子兰，让我刮目相看，油然而生敬意。仔细观察，原来它的叶片分发两边，对称向上，是好几个"人"字的倒写，只是那"人"字的根却是深深嵌在泥土之中的。

⑥五月的一天，我出差归来，惊奇于它的花容不败，伸手一摸，才发现花瓣已经僵硬如标本了。心中感动，霎时涌起一股悲壮的情愫，为这花，为这花的生命。我想起戈壁沙漠中的胡杨树，想到胡杨树生前与身后的故事，感佩不已。这花与胡杨树一样，也有着傲然气节和风骨！

⑦案头这盆君子兰，我真的很喜欢，视为知己，期待着它再一次花开灿烂。

1.通读全文，根据文章的内容填空。（4分）

两年前的作者在花市上初次见到君子兰，觉得物有所值，_____；几天后，君子兰开出了绚烂的花，作者的心情是_____；春节前，君子兰的花依然绽放，身姿傲然挺立，此时作者的感情是_____；五月了，君主兰的花儿像标本一样屹立不败，作者的感情是_____。

2.简要概述作者买下君子兰这盆花的原因。（4分）

_____

_____

3."案头这盆君子兰，我真的很喜欢，视为知己，期待着它再一次花开灿烂"，说一说作者为什么喜欢这盆君子兰？（5分）

_____

_____

_____

4."我想起戈壁沙漠中的胡杨树，想到胡杨树生前与身后的故事，感佩不已。"简要讲一讲胡杨树的故事？（5分）

_____

_____

_____

夜

名师导读

美好的白日固然充满光明和希望，令人心生喜悦，但沉静的黑夜也能让人静下心灵，寻找到许多不同于白日的美好事物。黑夜和白昼相辅相成，谁也缺不了谁。

一天，因事耽搁，回家晚了。① 下了最后一班地铁，过了桥，往东一看，一片黑暗，不仅我所居住小区楼顶的霓虹灯瞎了，竟连个路灯也没有了。

黑灯瞎火，怎么停电了？

于是，我摸黑往家走。

这六七百米路，沿通惠河而修。据说通惠河通往京杭大运河，算是运河的一部分。现在，虽然其中的浅水因污染而黑得让人目不忍睹，但夜色掩饰下的哗

① 开篇点明了时间和事情的起因，为后文"我"看到的美丽夜色做了铺垫。

哗流水声却是真真切切。走在河边，清风拂面，夏虫欢鸣，水流潺潺，竟别有一番诗情古意。

① 此处进行环境描写，生动形象地描绘出银河的浩瀚、壮阔，展现出夜空的美丽。

①抬头仰望，只见浩瀚的银河，繁星满天，明明灭灭，耀眼闪烁。突然就被震撼了，扪心自问，我已经有多长时间没有看到这美丽的星空了？甚至，没有抬头看一眼这美丽的黑夜。

② 虽然作者偶尔也会在晚上出来逛逛，但因为灯光太过明亮，所以掩盖了黑夜的魅力，作者这才错失了欣赏的机会。

身在闹市，起早贪黑，上班下班，在办公室与家的两点一线上疲于奔命，根本无暇顾及黑夜。②即使有那么一次两次的机会在黑夜中游逛，却找不到黑夜的感觉，因为，金碧辉煌的灯光让人恍然如昼。试想，不夜城里又怎么能看得到夜的颜色呢？夜与昼各占时间的半壁江山，平分秋色，看来，在造物主的眼里，黑夜与白昼是同样重要的。

难得这么一个黑夜，我干脆坐在河边的石阶上，静赏这黑夜的大美。

③ 顾城的名句表现出了对光明的向往和追求，在黑夜中，人们的心灵更加宁静，也更能专心思索了。

夜阑人静，虽然不是伸手不见五指，但是这纯粹的黑也直抵心灵。③我想起诗人顾城的名句："黑夜给了我黑色的眼睛，我却用它寻找光明。"诗人的话含意深广，却坚硬如铁，像一把寒光闪闪的利剑，直指思想的天空。但是，似乎缺少一点英雄的柔情。英雄的柔情更加可贵，让人难以忘怀。那种花草树木、白云流水编织起来的英雄柔情，此刻可以更加淋漓尽致地抒发我对黑夜的万千情感。

黑夜中，我的一双眼睛像我心爱的朋友——一只名叫黑漆漆的猫的眼睛，那么明亮，透彻，睿智，似乎看见了历史和未来,看见了辽阔无垠的远方。我明白，黑夜才是真正产生思想的地方。古今中外，谁能说得清楚，有多少伟人的思想是在沉沉黑夜中诞生的呢？
① 那些奇思妙想，那些思索的火花，常常伴随一豆油灯，在黑夜中自由地翱翔。

我喜欢白昼与光明，追求光明是我一生的梦想，但是，我也同样喜欢这黑夜。黑夜像一只温柔的手，轻轻地抚摩我不安的灵魂和情感。光明中，我毫无遮拦地看见了世界；黑夜里，我不仅看见了世界，也看见了赤裸裸的自己。我可以不慌不忙地在夜中诅咒岁月的无情，舔舐伤口上的血痕，融化心灵的冰霜；我也可以在夜里尽情地歌唱——无声而纵情的歌唱才是真正的歌唱。夜中，我不再随波逐流，我是自己的舵手，我随意将自己的小船划到任何一个我想去的地方……

夜深了，喧嚣浮华渐渐远去。城睡了，人睡了，天与地也睡了，黑夜是那么寂静。因为这寂静，我才感觉到夜是那么真实，真实得我可以触摸到她光滑的肌肤，感受到她娇喘的气息。② 忽地明白，原来，黑夜是为了让光明喘口气的；原来，黑夜是光明的一座加油站，让光明休养生息。如此，光明才会更洁白、更纯净、更透明吧！

我想，人要经常看看夜空，夜空会让一个人的心空灵起来，不再被世俗缠绕得喘不过气来。否则，梦为什么总是在黑夜里生发呢？

③ 夜中，我听到了自己的心跳，捡拾到了光明飘下的落叶，感到了世界放缓前行的脚步，卸下了笼罩于我的各种面具，触摸到了世界拔节的脉搏与力量……我想，即使我睡了，但是我睡梦中的心跳仍然是追求光明的不懈的鼓声，梦呓乃是我迎接光明的欢呼和最

❶ 在无数个沉静的夜晚，伴着灯光，人们陷入沉思，追逐真谛，有了无数的思绪，也带来了无数的真理。

❷ 作者突然明白了黑夜存在的意义，原来夜晚的存在至关重要，它能让光明得到休息和补充，也让人们得到休息，这样才能更好地迎接第二天。

❸ 在夜里，一片宁静，静得能听到心跳的声音。作者放慢脚步，脱去伪装，感受着世界，放松了心灵，回归了本真。

真诚的祝福。

坐在这个黑夜里，我久久不忍离去。我怕，我的脚步会打碎黑夜的沉沉的梦。或许，当东方的第一缕曙光照临时，黑夜便会梦想花开了吧。

延伸思考

1. 作者为什么很久没有看到美丽的星空了？

_____

_____

2. 赏析"我可以不慌不忙地在夜中诅咒岁月的无情，舔舐伤口上的血痕，融化心灵的冰霜；我也可以在夜里尽情地歌唱——无声而纵情的歌唱才是真正的歌唱"这句话。

_____

_____

3. 为什么说"黑夜才是真正产生思想的地方"呢？

_____

_____

看夕阳

名师导读 ▶

夕阳一直是美丽的，但有些人忽略它的美，有些人看着夕阳觉得无限伤感，还有些人体会着夕阳的绚丽，暗自赞叹。不同的人生态度让我们的人生变得截然不同。

再有两天就到大寒了。早晨起来，发现外面落了一层雪。哦，夜里下雪了。几个旅店的人各自拿着一块大木板，在阳光下像推土机一样铲雪。

①今年，我还是第一次见到雪，顿时兴奋起来，穿了衣服去雪地里走。雪不厚，能踩出脚印，走上去咯吱咯吱的，声音真好听。

因为要回北京，吃过早饭，就往呼和浩特赶。不知道路上是否好走，不敢订机票。订了机票，怕误了时间赶不上；赶上了，如果天气不好航班取消了，岂不是更糟糕？得知下午有一列火车到北京，如果来得及，脚踏大地坐火车或许更让人踏实。

❶ 通过动作描写，生动地写出了作者第一次看到雪以后的兴奋之情。他忍不住去雪地里走了走。

153

① 此处采用了比喻的修辞手法，将汽车比作乌龟，突出了行驶的速度之慢，表现出了开车时的小心翼翼。

② 警车堵在路口并不寻常，显然有事发生，为下文的封道和赶路做了铺垫。同时也表现出了这一路的不易。

③ 本来因为封道要绕路就浪费了不少时间，还堵车，因此到火车站就急急忙忙的了，而这也为后文的无法上车埋下伏笔。

①汽车开得像乌龟爬，尤其是上坡下坡，更得小心谨慎。正担心什么时候才能赶到呼市，汽车拐上了高速路口，所幸，高速公路并没有封闭。

高速路上也是薄雪，路中被汽车轧出了明显的车辙，但是没有结冰，跑起来也顺畅。按这个速度，赶上火车没有问题。说起内蒙古，就会想到蓝天、白云、草原和羊群，但此时，我神往的这些并没有出现，眼前只有西部才有的荒山秃岭的风貌。

出了准格尔地界，前方又遇到一个收费站。②一辆警车堵在路口，封了前方的高速公路。下车去问，回答说呼市下雪了，封道，至于什么时候开闸，要等通知。这一百五十多公里，走一半封一半，两个辖区，各管一半，结果到这里走不动了，如何是好？此时太阳高照，天空碧蓝，路上的雪估计也化得差不多了，但是，害怕出事故，就一封了之，的确是安全了，也不会有担责之虞。

我们被晾在半路。只能掉头，绕走省道。省道没有封，随便走。③但是，这一绕浪费了许多时间。进入呼市后，遇到堵车，心急火燎地赶到火车东站时，离开车只剩下十多分钟了。按以往经验，时间已经足够。我拿着身份证验票进站，门口小岗亭里的人不让进，没票。我拿出记者证，说上车补票。岗亭里的人好意告诉，不买票进不了候车室。我立刻往售票厅冲去，进门要排队安检。赶到售票窗口，售票员说，没票了。我说上车补票，买一张站台票。售票员说，站票不卖，站台票也不卖。忙碌了这么长时间，驾驶员早晨都没来得及吃早饭，没想到大家都是在做无用功，起个大早赶了个晚集。我们只得出来，往飞机场去也。此时，只有晚上八点多钟的航班了。

①在机场，办了手续，过了安检，这才喘口长气，身心松弛下来。想买本书读，可是候机大厅里只有卖衣服、食品、土特产之类的商店，没有卖书报的。还有漫长的四个小时呢！奇怪的是，我的手机突然黑屏了。元旦假期我回老家，手机也出现了这种状况，电话显示畅通，却黑屏没有铃声。我花了四十元在家门口一个手机店修好了。没想到，手机的毛病复发了。

有时候，就是这么巧，不幸的事情像是要聚会似的，会赶到一起去。就像哪天开车出门，一路的红灯都遇到了。②有时候，因为要赶时间，很沮丧，气得骂娘，懊恼不已，但想想，除了伤身之外，又有何益？所以，再遇到这样的情况，我就会心平气静地对待，不急不躁，让自己安静。现在的节奏很快，人们往往疲于奔命，与时间较劲，明明知道搞不过它，又何必树立战胜它的必胜决心？

没有书报，没有手机，没有网络，我似乎回到了曾经的那个简单的时光里。不禁暗自庆幸，终于有机会让自己慢下来了，为何还要着急呢？

③窗外，夕阳斜射过来，穿越宽阔透明的玻璃，照在我的身上，暖意融融。这久违的心情，久违的夕阳，久违的安静。大厅里已经非常空旷了，坐在铁椅上，静静地看夕阳。这样多好，让生命慢慢地活，慢慢地老，清清静静，安安闲闲，无嘈杂劳心，无爆炸般的五花八门的信息往脑海里钻。夕阳硕大，无声地挂在天边。慢慢地，被高楼挡住了一部分。慢慢地，天空暗了下来，没有了如丝如缕的柔和的阳光，但是天空仍然明亮，明亮中多了一分橘红。

已是傍晚时分。④在家乡，这样的傍晚，伴随着暮

① 作者经历了千辛万苦，终于在机场办好了手续，这才放松了点，能休息休息了，可一切麻烦并没有结束。此处引出了后文。

② 有时候难免会遇到需要赶时间的事情，这会让我们的心情变得沮丧又气恼，但实际上这样对事情根本没有用处，反而不利于身体健康。

③ 此处运用了环境描写，渲染了安静、温暖的氛围，表现出了作者的愉悦、轻松。当作者远离网络、书报，静下心来，便感受到了难得的美好时光。

④ 此处将家乡的傍晚和城市的傍晚进行对比，突出了乡村傍晚的宁静、美好、温馨，而城市的傍晚只有杂乱和吵闹。

155

霭的降临，鸡鸭牛羊都陆续地归圈回家，麻雀叽叽喳喳地窝在草丛里，兴致勃勃地准备安眠，炊烟袅袅升起，飘起了饭香……这是乡村的傍晚，满眼是乡愁。而城市的傍晚呢，却是拥堵、嘈杂，鲜有诗意。我倒是梦想着，生活在城市也能读出乡村般的诗意。就像此刻的我，坐在现代化的候机大厅里，享受着简单，同时，不也是在享受诗意吗？

旅客越来越少，来了，走了，又来了，又走了；一架架飞机无声地降落，又无声地升起，航空港里忙忙碌碌。看着看着，不知什么时候，机场的灯亮了，所有的灯都亮了，飞机的起降带着灯光，像是播撒闪耀的星星。

等待没有什么不好。

① 忽地想到一首诗："终日昏昏醉梦间，忽闻春尽强登山。因过竹院逢僧话，偷得浮生半日闲。"这是唐代诗人李涉的《题鹤林寺壁》。诗人逢僧说话，心情愉悦；我与夕阳心语，穿越时光和历史，同样陶醉于时光的安闲。不管古代还是现今，人生的心境大抵相似。我候机的时间，不也是"偷得浮生半日闲"吗？该高兴才是哩！我一个搞书法的朋友每天都会发大量的信息，他发的东西，永远是乐观的，或知识，或笑料。相比之下，另一个画家发给大家的，永远是负能量的文字，多是书画界或历史上让人不痛快的事，黑暗的事，能看出他有着强烈的疾恶如仇、怀才不遇之感，多有抱怨。但是，在曾经与他交谈的言语间，又感到他永远是一个无人能比的境界高尚的人。② 生活的态度取决于生命的质量，积极还是消极，进取还是安于现状，逆流而上还是随波逐流，这有着霄壤之别。以前，遇到堵

❶ 作者引用《题鹤林寺壁》这首诗来表现自己此时闲适、愉悦的心情。在候机这空闲的时光，作者不再焦虑。

❷ 每个人的人生都是起起伏伏的，会遇到高兴的事，也会遇到难过、气愤的事情，但就算同一件事情，对事情的态度不同，他的人生也是不同的。

车，我就在车上休息。地铁里拥挤，权当练站桩锻炼身体……面对纷繁的世事，我曾经吃力地努力过，便问心无愧；当我无力改变眼前的现状，我便让自己笑起来。

这就是生活的态度。

夕阳西下，如此的静美，该好好享受才是，为什么再去想追赶那永远也追赶不上的时间呢？^①这个世界上，并不是所有的人都需要快节奏，需要与时间抗争，有些人更需要静与慢的滋养，像一头吃饱的牛，静卧、咀嚼、反刍、消化，比如作家和诗人。静与慢能让他们从容不迫地将生命的体验变成有感情、有思想的美丽文字，静与慢也能让更多的人思索，并体验到生命的灿烂。

呵，夕阳，永远是那么美好。

① 此处采用了比喻的修辞手法，表达了作者对人生的思考：一些人应当慢下来，仔细体味宁静的滋味，而不是把人生过得匆匆忙忙，失去了趣味。

延伸思考

1. 作者为什么要写两个朋友所发的信息？

_____

_____

2. 作者先写下雪，车开得慢，再写封路绕道，堵车，最后写火车买不到票会不会显得啰唆？

_____

_____

3. 说说最后一段的含义。

_____

_____

暗　流

名师导读 ▶

　　生活中有光明的一面，自然也有阴暗的一面，在医院那拥挤的病房里，有无数的暗流在涌动。人的亲疏关系，心的距离远近也就一目了然了。

❶ 此处为环境描写，写出了这家医院的拥挤、糟糕，烘托了医院里压抑、低沉的气氛。

❷ "硬拽"生动地写出了老头虽然胆出了问题，却不愿上医院的心理，刻画了朴实、顽固、倔强的人物形象。

　　三张床整齐地摆开。

　　①住进去才知道，这本是两张床的空间。天花板上悬垂下来的两个离地不高的蓝色布帘子严重错位，暴露了这一切。床多了，帘子没有多，隐私只能遮挡得影影绰绰、犬牙交错。

　　最里边靠窗户，躺着一个瘦削老人，床头挂着吊瓶。老头八十一岁，来之前还和小他一岁的老伴种地。老伴十多年前患上了帕金森，偶尔会糊涂。这老两口的经历，给我一个错觉，那就是在土里刨食的人身体皮实，性命结实。②老头的胆出了问题，被孩子从地里硬拽到了医院。现在，他的胆摘除了，成了一个无胆老人。

其后十多天，在这个病房遇到的所有病人，都让我对生活和世界一知半解，感觉这个世界，或者说是我们的身边，涌动着一条暗河，无形却真实。

老头由一儿一女服侍。这是姐弟俩。① 弟弟四十岁，身高一米八，体重两百斤，肥头大耳，皮肤黝黑，戴着一副近视眼镜。他的肚子非常陡峭地往外凸起，让人担心那肚子里挟不住就会倾巢而出。他介绍自己是开饭店的，但瞧上去也就是个小饭店老板兼大厨，或者干脆就是大排档摊主。

这汉子时常有电话来，能听出都是他老婆打来的。老婆向他请示，买多少瓶矿泉水、多少瓶可乐、多少瓶啤酒、多少瓶白酒、多少包烟，水、可乐、啤酒、白酒、香烟都要什么牌子的，他一一遥控指示。突然就有一天，汉子一改温柔，变得急躁起来，坚决地冲着电话吼：今儿个天太热，你关张歇一天。

一屋子的病人和陪床都望向他，会心一笑。别看这汉子外表粗糙，挺会心疼媳妇的。

② 每张病床配一张陪护小床。夜里，姐姐睡陪护小床，就在老头的床边。弟弟铺一张小席，睡在床头的水泥地上。这汉子只穿一件背心，啥也不盖，让空调呼呼吹着，呼噜打得地动山摇。

汉子性子急躁，为了护理的事，没少与姐姐叮当。他是家里的顶梁柱，生意离不开他，现在却困在这病房里服侍父亲。父亲的刀口总不见好。他两头着急，难免上火。姐姐倒是有耐心，给老头擦身子，防止生褥疮。盯着吊瓶，喊护士换药。给老头喂饭。趁老头上厕所，给他换一个干净床单。姐姐是个朴实妇女，

① 此处刻画出了一个身体肥胖，皮肤黝黑的饭店小老板形象。"陡峭""倾巢而出"等词诙谐幽默，突出了他的肚子之大。

② 姐弟俩都陪护，但只有一张小床。因此姐姐睡床，弟弟睡在地上，表现出弟弟对姐姐的爱护。

❶ 姐姐的话表现出了她的不满和心酸，但是埋怨归埋怨，她的动作中却满是对父亲的关心。

❷ 老头好多天没吃粮食，本就不适宜突然吃面条，还把剩下的面条都吃了，为后文的疼痛埋下伏笔。

❸ 此处采用形象描写，生动地写出了中床老头的苍老和病态，他总是看着门外，也许在期盼见到谁。

说话做事都呱呱叫，就是不识字，连自己的名字也不会写。^① 她大着嗓门，痛说父亲重男轻女，小时候不让她读书。"俺如果上学了，俺也不会现在这样。"她一边说着，一边给老父亲揉腿，怕他的腿躺久了会麻木僵硬。

姐姐有一天去找保洁，要求换一个床单。见保洁忙，就说自己换，而且真就自己换了。往后，保洁都会把床单扔给她。她好说话，就自己换了。弟弟见她如此揽活，就生气，说那明明是保洁的活，你都抢来做啥？

手术后，医生要求老头几天不能吃饭，后来让吃流食。那天，弟弟去外面买来面条，姐姐照顾老头吃。^② 老头好多天没见粮食了，闻到面香就亲切。吃了喝了，欲罢不能，央求着要把那剩下的面条都吃了。女儿心一软，答应了。那天夜里，老头直叫心中难过，疼痛难忍，哼哼着睡不着。姐弟俩叫来医生，折腾了大半夜，不知用了啥办法，才让老头平静下来。

中床的老头长脸，瘦，胡子却很黑，眼睛瞪得很大。黑胡子让他显得有一股子英武之气。他也是从农村来，一辈子种地。这老头不知害啥病，定性很好，一天到晚躺在床上，几乎不动，除了上厕所。^③ 一床雪白的被子，露出他一张胡子拉碴、皱纹纵横的老脸，老脸上是一双深陷的大眼，几乎不眨地盯向门外，似乎在看人，又似乎不在看人。他极少说话，眼睛泛着亮光，就那么看着。往门的方向看累了，他就转一下脑袋，再往窗外看。

窗外骄阳似火，隔着一层玻璃，天空显得空洞。看上去，这老头年轻时还是很英武的。服侍老头的，是一个胖胖的中年男人，四十多岁，比邻床那个戴眼镜的汉子皮肤白些，只是前额的头发掉得厉害。头发少，脸就显得特别大。① 这汉子没事就坐在板凳上玩手机，几乎不和老头说话，倒是和邻床那个姐姐说话多一些，聊聊农家的事。开饭了，他打来饭，让老头吃，老头吃完，他收拾碗筷。没有开水了，他拎着水瓶去打。他像是一个严肃认真的学者，做事有条不紊，只做自己该做的事，多一句话也没有。

几天后这老头出院了，才知道服侍他的汉子是他的女婿。都说女婿半子，这话似乎没啥错。

老头走后，中床来了一个女病友，苗条白净，一看就是个坐办公室的。一对年轻男女围在她床边。② 女的坐在床沿，和病人说这说那。小伙子站在床头，插不上嘴，也插不上手。一问，果然不出所料，是女儿女婿来看她。血缘亲情真是来不得半点虚假，让人一眼洞穿。尤其是在金钱和享乐时代，感情鲜有伪饰，一切回归本真，坦诚得赤裸裸。哪块地的庄稼，终会在哪块地开花结果。

里床的老头一直不见好，那天可能也是多吃了一口，也可能是手术的某个地方出了问题，或许这些原因都有一点，现在集中到了一起，老头就受不住了。那天拉去手术室，又做了一个手术。不到一个月，老头挨了两刀。

③ 那个戴眼镜的胖儿子看着老头，说，多挨了一刀，这回该好了。女儿红着眼，忙着为老头做这做那。

大家都以为，老头这回是该好了。住院一个月了，姐弟俩都很疲惫，是老头的生命，支撑着他们一天天

① 汉子做事情有条有理，从汉子几乎不和老头说话，却会和邻床姐姐聊天可以看出，汉子和老头并没有特别亲密。

② 通过对比女儿和女婿的行为举止，生动地写出了血缘亲情的重要。虽然女儿女婿都很关心女病友，但显然女儿更亲热、体贴。

③ 儿子的话语包含着满满的关心，希望父亲能早点好。女儿更是对老头关怀备至。两人的表达虽然不同，但对父亲的心是一样的。

熬下来。日出日落，不知不觉，回首一看，日子真像落满一地的黄叶。秋意饱涨或萧飒，等待春的来临。

姐弟俩以为老头这回肯定不会有大问题了，于是换防回家，缓口气，休整身心。接替他们的，是另一对姐弟，或兄妹。来的这俩比走的那俩年龄大些，男的瘦，女的胖。男的话少，女的爱穿红衣服。他俩似乎轻松些。①女的好像没给老头擦过身，也不像先前那个女儿心疼地忙这忙那，看上去身子懒多了。

❶ 这次来看护老头的女子并不勤快，和前面的女儿的行为形成了鲜明的对比，表现出这个女子对老人的关心不足。

挨了两刀的老头更加可怜，整天躺床上一动不动。那天夜里，就听老头说要撒尿，睡梦中的儿子嘟哝一句：憋着。老头大概很难憋着，便口齿不清地说，我自己拿盆接。但是他够不着地上的尿盆。然后，就听到一阵窸窸窣窣地忙活。

有一种东西看不见、摸不着，无法丈量、无法计算，却能够感受，就像热量的传导，这就是情感和人心。情感和人心最不容易把握，又最容易把握，无法估价，只能交换。"交换"这个词令人生厌，但它是无价的交换，也就价值连城、金光闪闪了。

中间那床又来了一位老太太，好像是半夜来的。踢踢踏踏的杂乱脚步，响了很大一阵，然后归于清静。陪护的只有一个儿子。老太太好像是胰腺有问题。②儿子埋怨老人，舍不得吃舍不得喝，要钱有什么用？这回看好了，就到我那儿去，我管你吃，我管你喝，吃喝都是我的。那个儿子一遍遍地讲，不厌其烦地讲，老太太一遍遍地哼唧着答应。那个夜里，耳边反反复复都是那个儿子的话。

❷ 儿子埋怨老人不舍得吃喝，还让老人去自己那里，让自己照顾，看似十分关心老太太。

那儿子虽然孝心发现，却也令人生疑。孝顺岂是挂在嘴边上的？嘴上挂得多，行动就有那么多吗？老太太说的每一句话，似乎都离不开钱。这要花好多钱啊？那要花好多钱啊？^①<u>儿子又埋怨她，你不要担心钱，有我在，还能少了你花的钱吗？你还有退休工资呢。</u>儿子多次说到退休工资，老太太都不吭声。第二天看见老太太一张风雨沧桑的脸，回想到她说的种田、收割等农事，怎么也无法想象到她的退休工资。

那个儿子的身材如一枚枣核，中间粗两头细，肚子挺着，小平头，额头留了一绺子长毛。那天他接到一个电话，说那是你们的问题，与我无关，明天我去同你们交涉。老太太问他有什么事，他愤怒地说，银行贷出的款又退了回去。

那天，老太太的老伴打电话来，说自己在某个地方，要打的到医院。那个老头前一天来过，八十多岁了，身子硬朗。老太太接电话厉声呵斥，你神经了吧，从那里打的过来，要一百多块呢。^②<u>电话传到她儿子手里，没想到儿子咆哮起来：坐公交也很方便啊。然后打电话给某某，责问对方是如何管老子的。</u>

儿子似乎坐不住，一会儿出门去打电话，一会儿出门去弄吃的，护士几次来需要他搭把手，交代他如何照料老太太，他都不在。老太太急得打电话，他的手机又总是占线。护士对老太太说，你儿子不在，有事请同病房的人帮一下忙。但是，老太太没有说过一句需要帮忙的话，倒是同病房的人看到老太太的水吊完了，帮她喊了护士。老太太仍然一脸茫然。

最里床的那个老头忽地就出了问题，他说心里难受，不得过。一大早，医生决定送他去重症监护室。

① 从儿子的话语中可以看出他其实十分在意金钱，总是提到老太太的退休工资，可见他并不是真的孝顺。

② 儿子看起来似乎很孝顺，让老太太不要在意钱，但是父亲只是打个车就让儿子咆哮起来，满是愤怒，可见他更看中钱财。

163

几个人抬着床单，将他拎到了小铁床上，推走了，说是去输血。

① 我的心拎了一下，去 ICU 不是好事。

老头的床一直空着。头天晚上，那个陪护的儿子在床上睡。第二天晚上，无人睡，倒是中间那床留一绺长毛的陪护儿子在睡。第三天午后，老头的儿子推门进来了，他的脸色有点凝重。问他老头怎么样了，他说走了，昨天中午就走了，晚上运回到家，当夜就埋了。现在的高速公路修得好。② 老头的儿子说，我也不想和医院闹，闹了，无非赔个万把块钱，可是就不能土葬了。

老头的儿子说完就走了，算是向大家打了一个招呼，有了一个交代。他走后，屋里沉寂了片刻。有人说，这个儿子是老头的养子。老头和老伴是半路夫妻，这个儿子和女儿都是老伴带来的。

③ 不知道候在家里盼望老头归来的老伴是个什么样。也不知道那一对喜欢叮当的姐弟俩会是怎么样。他俩换班离开不过三四天，老头就如一缕风不见了。

人很像一条缺氧的鱼，浮于生活的海，努力昂扬起头颅，身子却沉于水中，对水面下的幽深一无所知，但是心头总有一种未知的恐惧，实实在在地似要往下拖自己的腿脚。

生活本身也像一座冰山，浮在海里。

❶ 此处为心理描写，表现出了"我"的担心和紧张，正常情况下人是不用去 ICU 的，可见老头情况不妙，为下文埋下伏笔。

❷ 从儿子的话语中，可以看出他虽然对老人也是关心的，但关心有限，对于老人的死也并没有特别悲痛。

❸ 此处采用了比喻的修辞手法，将老头比作清风，突出了生命的脆弱。虽然作者没有写原先那对姐弟俩的反应，但他们一定十分难过。

延伸思考

1.赏析"突然就有一天，汉子一改温柔，变得急躁起来，坚决地冲着电话吼：今儿个天太热，你关张歇一天"这句话。

_____

_____

2.阅读全文，说说中床老太太的儿子真的关心她吗？

_____

_____

3.为什么说"生活本身也像一座冰山，浮在海里"？

_____

_____

沉　吟

名师导读 ▶

　　在沉吟中，我们回忆过往，思考未来。沉吟，带来思考和启发。沈俊峰在本文中写到了他放下的往事，写到了他青春的回忆，写到了奇妙的缘分，让我们一起阅读下文，细细品味吧！

疼痛的前方

❶ 开篇采用对话描写，引起读者的阅读兴趣，引出下文关于姥姥的回忆。

❷ 生动地写出了姥姥温和、善良、热情的性格，讲述了事情的起因。

① "能不能写写你姥姥？"

"姥姥怎么了？"

　　姥姥有个侄子，不，应该说是姥爷有个侄子。可是姥爷很早就死了，是灾害那一年死的。小脚的姥姥拉扯着三个年幼的孩子，住到了庄子西头，庄子东头的老宅子暂时闲着了。这个老宅子是祖上留下来的，姥姥的侄子盯上了这个老宅子。

　　侄子找到姥姥，要借宅子用，反正这宅子闲着也是闲着。② 姥姥心善，性子温和，与世无争，对人热心，况且借宅子的是本家亲戚——亲侄子，就答应了。

老宅子有两间半房子宽，带一个小院子。① 侄子一家住了进去，就把宅子当成了自家的，先在院子里搭一个大棚子，开始养猪，再把宅子里的几棵老树砍了，栽了新树。

姥姥找侄子说这事，咋把树砍了？侄子自觉理亏，就找一个借口，说这宅子算我租的，给你十块钱吧。姥姥不是一个善争的人，见他这样，叹口气，也就算了，毕竟念着亲戚之情。十多年过去，我大舅要结婚，姥姥想着要回老宅子，让大舅分出去住。没想到侄子竟然赖账不给了。侄子说，这房子是我租的，给了你十块钱呢。姥姥很无奈，说你住了十几年了。为了要回老宅子，姥姥说这十块钱我还给你吧，我不要了。姥姥还是念着亲情。那侄子收了十块钱，还是住着老宅子不还。

② 姥姥没有办法，就去大队找干部。大舅也去大队找干部。总得有个说理的地方。找了无数次，大队干部都是打马虎眼，就是不出面解决。因为那侄子的亲弟弟在大队当会计。一趟趟去找，一次次被敷衍，没有一个公正结果。宅子要不回来，硬是被侄子霸占了。

家里没有强势之人，就会受人欺负，弱肉强食，自古如此。姥姥心中是如何滴血地痛，已经不得而知。如今这件事成了母亲心中的痛。母亲说："你姥姥这辈子过得太苦了。"

这事已经很遥远，我不知道该对母亲说些啥。几年前，我推荐母亲看李佩甫的小说，书中写了一个老实本分的农民，一觉醒来发现自己家的大树长到别人

❶ 从侄子一家的行为来看，他们一家并没有感恩之心，住进去以后就把宅子当作自己的了，改动起来一点没和姥姥商量。

❷ 明明是自己的宅子，姥姥却要不回来。大队干部也光说不做，更显姥姥的无奈和可怜。

家的院子里去了，村干部邻居私自扩大了自家的围墙，把他家的树霸占进去了。这个农民平白无故受欺负，一趟趟去找村干部，"说说，这事得说说，这事一定得说说"。可是终究也没人给他"说"出一个公正的结果。①母亲看了这本书，对我复述过好几回这个情节。母亲说："农村就是这样的。"我现在才明白，母亲那是有感而发，心中的痛被小说激活了。

因为弱小而受人欺侮，这样的事实在太多，像野草一样难以铲尽。原中央纪委书记吴官正在《闲来笔潭》一书中写过这样一件事：

最别扭的是，我家偏房出口的东边不到一米，就是邻居家的厕所，而偏房是我家做饭和吃饭的地方。每当我们吃早饭时，他就来拉屎，实在臭不可闻。几经交涉，邻家就是不迁走厕所，找村干部，也不管。②有一天，父亲忍无可忍，要拿砍柴刀去拼命。母亲拽着他，大声喊我进去。我拉着父亲，哭着说："你怎么这样糊涂，杀了人要抵命的，家里就你这一个劳动力，以后我们怎么过？你下决心送我读书，我们家总有出头的日子！"父亲软了下来，说："旧社会受人欺侮，解放了还这样，日子怎么过？"这个臭厕所直到我上大学后，也不知什么原因，才迁到了离我家十多米远的南边。到我从清华大学研究生毕业参加工作后，用落实政策补发的六百多元钱，把这旧房拆除，在前面盖了三间平房，总算了却父母的心愿，弟弟找对象时才有了一幢砖瓦房。

❶ 母亲看到书中的情节，想到了姥姥的事情，感同身受，觉得心中难过，因此向"我"复述了好多次。

❷ 此处进行场景描写，刻画了当时混乱的场景，生动地写出了父亲的气愤，母亲的急切，"我"的不甘和着急、痛心。

读这段文字时，我还在中央纪委西院上班，感触尤深。①那天中午和同事散步，说起吴官正写的这段文字，同事回头看了一眼我们身后的大院，说，在这里上班的最大好处，是不会受人欺负。记不清是哪个同事了，却记住了这句话。由此感叹，人生在世，要么强大，要么放下，要么为弱小者不受欺负去努力。

不想让母亲为这事再纠结或痛苦。疼痛已经无法改变，那就放下。

母亲其实已经放下了。前几年，村里有个小伙子来北京做生意，打着我小舅的旗号找过我。他在电话中说了一大堆我们是怎样怎样的亲戚，我听不明白，只知道他是姥姥庄子里来的,是同门亲戚。对他的要求，我尽力而为了。②后来，我和母亲说起这事，母亲当时没说啥，只是笑笑。现在我才知道，这个找我的小伙子,就是霸占我家老宅子那个人的孙子。我很想知道，这个孙子是否知道他爷爷曾经的无赖和无耻？这个孙子是否从此不会有他爷爷那样的无赖和无耻？人性的盲点和黑洞，已经令我厌倦了。

母亲那时没告诉我姥姥的这一段经历，说明她没有刻意记在心里，或者不想让我受到影响。果然，母亲说，都过去了。那意思，已经烟消云散了。③自从小舅从部队退伍回到村里，那个侄子的儿子逢年过节还去看看我姥姥，嘴上亲得不得了,就像啥事也没发生。姥姥没说啥，也像啥事都没发生，直到她老人家福寿九十多岁去世。

写出这件事，是记住，也是放下，当然还有其他。

❶ 同事的话说明了人强大起来的重要性。在中央纪委上班，人们会有所忌惮，便不敢随意欺负。

❷ 那个小伙子竟然就是那个无赖侄子的孙子，而母亲对"我"帮了这个小伙子的事并没说什么，可见她已经放下了，不在意了。

❸ 小舅回来以后，姥姥有了依靠，那侄子的儿子变得亲热起来，可见侄子儿子的无耻，也说明了自己强大以后一切就会好起来。

青春的记忆

还有几天就过年了。

正在影院里看电影，手机震动了，是小勇。①小勇问候我新年好，然后喜滋滋地逗我："哥，名人呀，一吃面条，一说，都知道你家。"这些文字后面，是一串笑脸。我觉得好笑，便也逗他："俺庄上的村民连我的小名叫啥都知道。"

小勇说，他给公司往各地送货，路过我的家乡，特意停在镇上一家小饭馆吃了一碗面条。几十年过去了，他还记得我老家在哪里，连我都很少回去了。他问店老板是否认识我。店老板说认识呀，就是"咱这里沈庄出去的人"。

想起小勇那一段最艰难的时日，很像眼前这部电影中的主人公，绝望与希望拼杂在一起，然后，向往一个新的世界。只是，他向往的是心灵的自我折断和救赎。时间能改变一切。

②小勇是我的发小，比我小几岁，如今也已年过半百了。人生好像很容易就过到了半百，如果没有诸多过往的有意思的人或事来填充，还真以为做个梦就变老了呢。

那时候，我们两家住同一栋平房，砖木结构。他家住东头，中间依次隔着马家、张家、沈家，然后到我家，西边还有吴家，后来调走了。这是二十世纪七十年代，大山里的三线厂职工都习惯了过艰苦日子。住得拥挤，每家每户便在门前搭一间竹篱笆糊黄泥、盖油毛毡茅草的草棚子，做厨房，放杂物，有的也住人。

❶ 从小勇的话语中可以看出小勇和"我"关系很好，引出下文关于自己和小勇的青春回忆。

❷ "我"和小勇是发小，如今都已经过了半百了，可见时光匆匆，不经意间时间就过去了。

父辈是老乡，又是好友。①两人的老家同属一个专区，两县相距不远。离开家乡的人好讲乡情，慰藉情怀，抱团取暖。我们这一帮孩子天天在一起无忧无虑地疯玩，收藏烟盒糖纸、推铁环、摔跤，去翻砂车间捡小铁球当玻璃弹子，或者分两派去大河滩的草地上打架……

小勇家有一个亲戚在县里当领导，于是他们调到了家乡的酒厂。小勇自然也跟着父母走了。

那家酒厂当时正红火，经常在电视里播广告。看到那个广告，我就会想到小勇。

1982年，我师范毕业参加工作的第一个春节，父亲领我回老家过年，特意绕道去了小勇家。②小勇那时上高中，迷恋武术，大冷的天只穿一套运动衣，领着我在县城转悠，走着走着，突然就会来一个飞腿或一套组合，然后是一脸阳光的笑容。那次，我俩以县城里那座著名的历史名塔做背景，很认真地拍了一张合影，至今还保留在相册里。

后来，听说他高中毕业顶替父亲，也成了酒厂职工，专门做销售。十年后，我调到省城，之后在省委一家杂志社做编辑记者，忙得不亦乐乎。

记不清哪一年的哪一天，突然接到小勇的电话，他慌里慌张地告诉我，县里的人正在抓他。

③我吓了一跳。以我的了解，他绝非坏人，武德也好，不偷不抢，更不可能耍流氓，县里为何要抓他呢？他犯了什么法，或者犯了什么罪？在我的追问之下，他简单地说了一个大概。

一个周六下午（那时还不是双休日），酒厂召开职

① 生动形象地写出了"我"和小伙伴小时候快乐、无忧无虑的嬉戏时光，那时候大家天天在一起疯玩。

② 无论是小勇冬天只穿运动衣，还是小勇对武术的痴迷，都显示出了他高中时期的青春肆意。

③ 作者突然听到这个消息吓了一跳，接连两个问句表现出了作者的纳闷和对小勇的信任与关心。

工大会，决定在下个周一之前，也就是说，只有两天时间，谁能拿出一定数目的现金（数目已经忘记了），酒厂就归谁。这个消息像是从天而降。

第二天，银行不上班，有职工想凑钱，也只能是望洋兴叹。不过，有人却早有准备，胸有成竹，就这样，固定资产及仓库里的酒总计价值几千万元的酒厂，被零资产改制了。按照厂里的政策，小勇可以领到几千元回家，从此与酒厂再无关系。

❶ 说明了有人在抓小勇的原因，表现出了小勇对酒厂的深厚感情，同时为下文小勇的东躲西藏埋下伏笔。

①许多职工接受不了，特别是那些对酒厂有感情的职工，几代人都依赖酒厂的职工。气愤不过的人开始四处上告，小勇也在其中。有人找他做工作，私下允诺条件相对优厚些，让他偃旗息鼓。但是，小勇坚决不妥协。酒厂是他的饭碗，他对酒厂的那一份感情，不是多少钱就能割舍的，况且，他们怀疑转制过程中隐藏有猫腻。

小勇和几个人东躲西藏。据说有职工为他们凑钱凑路费，以示支持。

小勇找我，是想让我所在的媒体想想办法。这样的事，我能有什么办法？经过打听，得知小勇所在县的主要领导是我一个朋友的昔日同僚，于是和朋友说了，希望能网开一面。朋友传话来说，让他别告了，其他都好说。②我把这话传给了小勇,他听了未置可否。

❷ 此处引用俗语，表现出了作者对小勇的关心，希望他能平平安安，同时也表现出小勇的倔强，不愿屈服。

我劝他，胳膊拧不过大腿，鸡蛋碰不过石头。说实话，我害怕他吃亏。

事后才知道，那年春节，从腊月二十九到新年正月十五，他是在看守所度过的。他调侃说，厂里打发的几千元回家费，都在看守所里喝稀饭了。听着除夕夜的鞭炮声，我想他的心一定冰冷而绝望，就像科幻电影中的流浪地球，濒临绝望与毁灭。他是否明白自己成了那个磕在石头上的鸡蛋呢？他是否明白现实并非都是粉红色的理想呢？不知道他是如何从看守所里走出来的，看到太阳的那一刻，心中有着怎样的波澜？毕竟，渡过那个艰难，迈过那道坎，翻过那道梁，一定有着漫长的路要走。

① 我无法想象，似乎又能想象。后来，再一次看到他的那一刻，他脸上的沧桑让我全都明白了。

从那之后，他成了一个自由职业者，开始了生活与灵魂的双重流浪。坚硬的现实能让人低头，也能让人活得更明白，更能让人重新打量脚下的路。除此，你又能怎样呢？毕竟不是赤条条一个人活在这个世界上。自认为真理在胸，宁折不弯抑或冥顽不化的，古来有几？时间就像一场不怀好意的大雪，填沟塞壑，愈合自然伤口，覆平一片白茫茫的世界。

二十多年过去了，其间，他做过许多工作，都是一种流浪的状态。他像一阵风，跑来跑去，为了生计，做这做那。对我来说，他的那二十多年基本是一个空白，对他来说，却是刻骨铭心。如今，他的妻子退休了，孩子成长为一名医生，他帮人开冷藏车送货。② 一部手机，一辆车，两百公里左右的地方，当天来回，他说感觉还好。

近几年，我俩加了微信，时不时互动一下。从他那里，我得知那个改制后的酒厂早已"破产"，他说过几年开不动车了，就去找个门面卖牛肉汤，请一个当书协主席的亲戚写个漂亮的招牌。和他说这话时，我

❶ 小勇脸上的沧桑说明他过得并不如意，这段时间小勇经历了很多事情，也更明白了现实的残酷。

❷ 作者用三个数字表明了开冷藏车送货的辛苦，这么远的路，小勇一个人要开来回可见是辛苦的，但小勇并没有抱怨。

正走在运河边上，眼前的石罅、砖缝和巴掌大的荒地，都被蓬勃茂盛的野草挤满了。

一天，他告诉我，他给省城送了一车小月饼，回去没货，便拐弯去三河拉了一车藕，此时，正歇息，吃方便面。① 又一天，他给邻县送饺子，路过我家。打了一个招呼，他就急急地告辞："再见哥，天热，车厢里的饺子是冻品，不可久留。"

① 小勇路过"我"家，却只能匆匆打个招呼就走了，表现出了小勇的忙碌和辛苦，体现了生活的不易。

很多时候，生活让人灰头土脸，却无法让人死心，更无法让人泯灭心中的热爱和暖春。过去的都过去吧，一切风轻云淡，天朗气清。可是，过去的真能过去吗？沉淀下来的，不过是时光的一滴泪，连历史的鸡毛蒜皮都挨不上，但是，这颗风干的泪，却有着历史风尘的味道。

② 作者通过电影《流浪地球》联想到如今的地球，人类因为争夺利益而发生了无数战争，无数次伤害了地球。

从电影艺术的角度，《流浪地球》赢得了热烈反响，口碑不错，似乎是国产大片的一个雏形。② 可是，它让我想到，人类生活在地球上，是否善待了地球？无尽的利益纷争，让那些大大小小的炸弹爆炸在地球的血肉之躯，将地球炸得百孔千疮、伤痕累累。每一次爆炸，人类的心灵是否感受到了地球的颤抖？人类贪婪地无休止地向地球攫取、压榨，将空气、水、土壤弄得污染不堪，炸山填海毁其容颜……在一次又一次或大或小的无情伤害之后，人类还很有"情怀"地带地球一起流浪、奔逃、向生。只是，恐怕不等太阳毁灭，人类自己就将地球弄得难以聊生了。

③ 此处表达了作者的美好心愿和发自内心的呼吁，他希望人们能善待地球，人和人之间能和平相处。

③ 要善待地球，更要善待人人。

"哥，新年吉祥。"小勇说。

多么想回到曾经年少的无忧无虑的时光啊，可是，这个念头连科幻都算不上，这就是一个梦幻。然而，活在心里的梦，为何总也抹不掉呢？

何处不相逢

一觉醒来，快到北京站了。

① 火车风驰电掣，大地辽阔葳蕤，太阳嫩圆鲜红，田野、山峦、河流、房舍、树木远远近近地别过。这世界和人一样，清晨最为精神饱满。桑建敏发了一条短视频，内容竟然与我眼前所见一模一样，多的是她给画面配上了名叫《安静》的乐曲，让人感动。"如此就好。"她的附言，显然已是深度陶醉。

② 我猜出了大概，不禁乐了："这是去哪？"

"北京。"

"哪个车厢？"

"九号十五床。"

"过一会儿去找你。"

"你也在这列火车上？真是人生何处不相逢啊！"

是的，人生何处不相逢。年轻时不解此语，现在不年轻了才觉悟，年轻时的许多经历，都是命运埋下的伏笔，就像那些善良的植物，慢慢会有一个秋天的印痕。伏笔是春天的幼芽，终会从阳光下拱出来。仔细回味那么一下，会发现身后像是立着一个命运的导演。四十一年后的今天，在人生的深秋时节，谁会想到还有这么一个美好的邂逅呢？

一周前，受老友邀约，我参加了"安徽军工文化霍山行"系列活动，认识了来自淮海厂的艺术骨干陈

❶ 此处为环境描写，生动形象地写出了火车运行时，窗外的美丽风景，展现了一幅生机勃勃的图景。

❷ 此处为对话描写，桑建敏竟然也在"我"坐的这一列车上，令人意外且欢乐，引出下文。

先生，问他是否认识桑建敏，陈先生有点惊奇，说桑建敏就住在他家楼上，问我和桑美女是如何认识的。

① 我恍惚起来，我和桑建敏认识吗？！

霍山位于大别山腹地，山高林密，主峰白马尖矗其境内。二十世纪六十年代中期，国家在该县创建了九家军工厂、一家军工医院，几万名职工和家属在此扎了根。我随父母到了厂里，就读于子弟学校。1979年，我初中毕业考上中专，填报的志愿就是军工系统的大江机械工业学校。

报到后才发现阴差阳错，大江机械工业学校那一年不招生，只与淮海厂合作了一个技工班，地点设在淮海厂。技工班招收中专生十五人，其余皆为厂里职工子弟。当时，技工班还是一个新名词，是培养技术工人的，办不了农转非。我父母所在的厂有一百多户职工家属的农转非被"文革"搁置了十多年。考中专是一个捷径，能转户口还有工作，父亲极力推崇，因为他就是这样改变命运的。谁料想半路会杀出来这样一个技工班。

② 巧合在于，淮海厂的桑建敏考上了高中中专，被霍山师范录取，但是，她不想离开工厂。于是，地区招生办将我俩进行置换，重新投档，我读师范，她回厂读技工班，算是两全其美。

那天，厂里派了一辆吉普车送我去师范，接回桑建敏。吉普车在山里东转西转，不知怎么就转到了淠河岸边的师范校园。车停在一幢平房前，几个女生像是在送她，皆是花花绿绿的衣服。桑建敏长什么模样我也没看清楚，只记得一件红衣在眼前晃动。两年后，

① 此处承上启下，通过问句引出下文"我"和桑建敏之间的往事。同时也引起读者的阅读兴趣。

② 父亲想要农转非，因此希望"我"能够考中专，好走捷径农转非，可是因为技术班，这个想法实现不了了。

她毕业留在厂里。又一年，我在一家军工子弟学校当了孩子王。

我不喜欢当老师，受捆绑少自由，再加上读教育学院受挫，便改行做了政工。①政工在企业有点像屋里的花，摆在那里会觉得周身无力，犹如一棵新鲜白菜慢慢蒸发了水分，于是跳槽，跳了两次，跳到了自己满意。跳槽满足了我天马行空的野性子，享受了精神上的自由。

这么多年，与桑建敏没有任何联系，也没有再去过淮海厂。淮海厂军转民成功，生产出了全国第一辆飞虎牌小汽车，很早就搬迁到了省城合肥。后来，其他军工企业也陆续搬迁进城，离开大别山已经二三十年了。

前几年，大别山的淮海厂旧址被改造成了月亮湾作家村，我父母所在企业旧址则改造成了仙人冲画家村，在全国影响都很大，铁凝、王蒙等人都去作家村考察过。这次军工文化活动，深度接触作家村、画家村也是重要内容之一。

活动结束，我回到合肥，向父母说起当年换学校的事，耄耋之年的父亲张口就说出了桑建敏的名字，只是他把"敏"错音为"明"。这让我惊讶万分，难以置信。②父亲现在一天要吃三次药，每次吃几粒都难以记住，全靠别人给他拿好，没想到四十一年前的事，已经遥远得望不到边际了，他竟然记得这么清楚。

这件事像是刻在了父亲的心里。

③父亲说："你改变了咱们这个家庭的命运。"

有这么夸张吗？父亲的话将我曾经的一些幼稚想

❶ 说明了"我"和桑建敏之间的巧合，正是因为桑建敏不想离开工厂，所以"我"和她进行了置换。

❷ 父亲年事已高，连每天要吃的药都记不清吃几粒，却还记得四十一年前的事情，记得桑建敏，可见这件事对他而言意义重大。

❸ 此处为语言描写，通过父亲的话语再次表现出了这件事情对父亲来说是多么重要，解释了父亲记住了桑建敏的名字的原因。

法碾得粉碎。那时我不谙世事，不知生活艰难，根本没有多想，甚至还为不能去读高中而耿耿于怀。

我太不懂父亲了。

父亲先是去了技工班，了解情况后再去地区招生办，请求重新投档，但是经办人怕麻烦，官腔撵人，不愿意办。父亲回到厂里，厂长竟然主动找他问了情况："孩子上学的事咋样了？"厂长姓杨，山东人，是一位南下老干部。厂长知道了事情经过，当即就给他的老战友——地委组织部一位副部长写信。父亲持信再去，副部长很热情，当即打电话协调。

再到招生办，有关人员的态度和气多了，积极热情地很快就解决了问题。这件事至少让我有两点认识，一是高考制度恢复，确实改变了许多普通人的命运；二是在这样的人情关系社会，办个芝麻粒大的事都得依靠关系。好在那时候的人还很纯朴，思想还比较纯净，不像后来的人情关系被庸俗化、复杂化、利益化了。如今许多人感受到艰难、煎熬或扭曲，恐怕多是与这些无法摆脱的关系纷扰有关。

❶ 每个人的人生都不一样，有些人承受着时代带来的痛苦，有些人享受着时光带来的希望，但最重要的还是自己的努力和奋斗。

生逢其时或生不逢时，皆是个人体验。^① 有人承受着时代的一粒灰，有人感受到了时代的一束光，这要看时代主流，也要看自己的运气，当然更需要自身的努力和追求。不过，似乎没有人能够跳越历史，必须一个台阶一个台阶地走过，才能到达一定的历史高度。

父亲说，这事过去一两年了，有一天他出差到合肥，在国防工办招待所碰到了那位副部长，副部长一眼就认出了我父亲，问道，你儿子读书的事办好了吧？

父亲感激他的帮助，也感叹他的记忆力真是太好，为没有第一眼认出他来感到歉意……

四十一年过去，我和桑建敏只隔了一个车厢。

收拾好东西，我走了过去。车厢有点摇晃，我像是走在梦中，在落英缤纷的梦里摇摇晃晃，从阳春三月走到了漫山红叶。①见到她倒是平静，就像见到一个多年不见的老友。那种幻觉又出现了，我认识她吗？若说认识，连一个正儿八经的会面都不曾有。若说不认识，她又是那么坚定不移地存在于我的生命之中。哦哦，一个陌生的老友。

这个符号似存在的老友，原来长得这么好看。

她不像是一个刚刚退休的人，可能是对摄影的热爱让她年轻吧。她说经常天南地北地跑，这次，就是和三十多位摄友一起去坝上拍照。

②她想了想，问道：假如你不读师范，你会成为作家吗？

我一时不知该如何回答，因为命运没有假如，就像化学上的元素氢和氧，可以成为水，也可以成为双氧水，却是完全不同的东西。一切皆缘，缘起缘灭，有着太多的不确定。人的命运何尝不是如此呢？

我说：假如你读了师范，你会成为摄影家吗？

她笑了。

我们无法把握过去和未来，那么，眼前的一切便是圆满，便是最好的安排了。

"咱们合个影吧。"

③车停了，在清爽的凉风中，在熙攘的客流里，我俩兴致勃勃地与列车定格在了一起。四十一年前，

① "我"和桑建敏虽然没有真正见过面，但却一直都知道对方，因此这次第一次相见十分平静，并不那么陌生。

② 此处为语言描写，桑建敏对人生提出假设，但人生的一切都是不确定的，谁也说不好如果发生了一点改变后面会怎么样。

③ 四十一年前，"我"和桑建敏有了联系，但并没有见过面；四十一年后，"我们"在巧合下相见并留影，可见命运的奇妙。

我们没有留下青春的影像，四十一年后，我们留下了岁月的风霜，抑或，更有时光的累累硕果。

花不尽，柳无穷，人生何处不相逢？

延伸思考

1. 酒厂的事情真的有猫腻吗？从哪里可以看出？

_____

_____

2. "我"为什么会询问自己认不认识桑建敏？

_____

_____

3. "我"为什么要说"假如你读了师范，你会成为摄影家吗"？

_____

_____

大别山上桂花香

名师导读 ▶

　　大别山是我国鼎鼎有名的革命老区之一，留下无数先辈的泪水和鲜血。本文讲述了大别山人的艰辛过往和艰苦奋斗，表达了沈俊峰对大别山和大别山人的敬佩之情。

一

　　我是在大别山长大的，自然魂牵梦萦于这一山一水独特的气息。

　　《桂花王》出版了。这是我的第一部长篇小说。① "献给英雄的大别山，献给英雄的大别山人民。"印在扉页上的这句话，在我心中已经沉睡了多年，像一个朴素而真挚的梦。如今，梦如花开。

　　小说以逶迤三省交界的皖西大别山为故事背景，以农家女桂小香的人生经历为主线，笔触从二十世纪三十年代绵延至今，刻画了桂小香、方子成、桂宝才

① 作者引用了印在《桂花王》扉页的话来说明自己对大别山深厚的感情，反映出他对大别山和大别山人民的敬佩和尊敬。

181

等一大批平民英雄形象，描绘了皖西大别山近百年来风云变幻的时代画卷。

① 为什么要写大别山？写作之前的艰难行走，调动全部身心，找寻关于大别山的记忆，近百年历史的激荡浮现，令人难忘。我要追寻表达什么？

② 横跨鄂豫皖三省的大别山，在二十世纪二三十年代，先后爆发了黄麻起义、立夏节起义、六霍起义。其中六霍起义就发生在皖西大地上。在皖西大地组建或改编的师级以上主力红军部队有十八支，皖西是红军的摇篮，是红色区域中心，从这块红土地上走出了一百零八位开国将军。

新中国成立后，为了根治淮河水患，皖西大别山前后修建了佛子岭、响洪甸、梅山、磨子潭、龙河口等大型水库。水库淹没了房屋、农田、山场，一些群众不得不离开家乡，异地重建。

刚刚步出战争的硝烟与苦难，便要白手起家建设家园，艰难与困苦可以想见。然而，纯朴善良、坚强勇敢的大别山人，以大义、大局为重，听从党的号召，没有任何怨言。

在皖西这片热土上，牺牲与奉献是近百年来的精神主题。近百年的革命洪流，近百年的艰辛求索，众多个体的命运是一个怎样的生命状态？③ 历史骨架下，需要纤细的血肉，这部小说，便是骨架下的工笔，彩色的，有痛苦，有欢欣，有绝望，更有希望。

---

❶ 此处进行过渡，引出下文写大别山的原因，展开话题。

❷ 此处介绍了20世纪时和大别山相关的起义运动，用"十八""一百零八"两个数字生动地表明了皖西的革命地位。

❸ 此处采用比喻的修辞手法，在皖西这片土地上，人们经历了战争和水患的痛苦和绝望，经历了解放的喜悦，人们顽强地生存着。

二

第一次看见翁翁郁郁的桂花王，我被深深地震撼了。

经历过一千两百多年的桂花王，仍然枝繁叶茂，生机勃勃，有着独木成林的磅礴。站在它面前，久久凝望着，百感交集。它是智者，勇者，更是强者。①千年的风霜雨雪、电闪雷击，它没有向命运屈服。千年的日月星辰、黑暗光明，皆深潜于心，却默而不言。是不值一说，还是不屑一说？当然，近百年来所发生的一幕幕，点点滴滴，它都记忆犹新，真切如昨。

饱经沧桑，得山川之灵气，桂花王铸就了高洁的灵魂。它的品质，难道不是大别山和大别山人品质的象征吗？

桂花王让我久久地感动。

②那年盛夏，我回到大别山。早饭后在桂花王身边站一会儿，格外清凉。

其后，我陆续又回了大别山数趟，拜谒革命遗址，采访老人，追寻远去的人和事。最后一次离开时正值八月，路边已有人售卖新鲜板栗和桂花。竹篮里咖啡色或酒红色板栗里，偶尔还有奶白色的嫩栗子。卖桂花的，有折下来的花枝，也有纯净的花粒儿。八月中秋，正是桂花香浓之时。

这成熟的板栗，这绽放的桂花，一如我的心情，激情饱满，幽香弥漫。

桂花王，成为我笔下故事的一个厚实的大幕。芬芳无处不在。

❶ 体现出了桂花王不屈不挠、不骄不躁的精神品质。它历经了千年风雨，却顽强地活了下来，它所知甚多，却从不夸耀。

❷ 盛夏时分，"我"站在桂花王身边竟然一阵清凉，可见桂花王的茂盛、巨大，生机勃勃。

三

❶ 父亲的告诫反映出当年大别山的狭窄、陡峭、危险，和后文如今的大别山形成鲜明对比，突出变化之大。

①父亲听说我要独自开车进山采访，不无担忧地告诫，要避开十八盘。他记忆中的还是陡峭、狭窄，充满危险，有着众多急转弯的十八盘。

多年前，我们七八个小青年骑自行车去一座水库游玩，没料到途中路还没有修通，只好将自行车扛过直陡的山冈。

现在，我开着车轻悄地穿行山野。无论平路还是陡坡，皆是宽阔的水泥或柏油路面。

大山里一片静谧。漫山遍野的绿色植物，已有秋色的细碎。成片的或三三两两依山而建的农舍，多是灰色或红色小楼，于阳光下发出耀眼的光芒。②菜地

❷ 此处进行环境描写，生动地写出了菜地里蔬菜成熟，昆虫飞舞的热闹场面，喇叭花和稻子为这图景更增添了一份生机勃勃。

里的辣椒、茄子、西红柿、空心菜等蔬菜，与蝴蝶、蜜蜂、知了们比赛着诱人的热烈。竹篱笆上，开着鲜艳的喇叭花。稻子熟了，金黄灿灿，一片一片的，层层谷浪映衬着蓝天白云。

这熟稔之景，如诗如梦。我能不醉吗？

停下车，情不自禁走到田边，欣赏沉甸甸的稻穗。稻田边有一口水塘，倒映着山与树，绿亮亮的。

❸ 此处采用了对比的修辞手法，作者将中年妇女如今幸福的生活和过去辛苦的山里人生活进行对比，突出变化之大。这妇女的情况并非个例。

路边出现了一位中年妇女，好奇地问我："搞幌子的（干什么的）？"听着熟悉的乡音，我笑了。③这些稻子是她家的，即将收割。塘是她家的，养了鱼。路边的小楼也是她的家，一楼开超市，二三楼住人。

想起三四十年前山里人吃苦、流汗，我不禁感慨万千。

"你家有人当红军吗？"

"我爷爷、我二爷爷都是红军呢。"妇女答道,"不过,他们都牺牲了。"

那些天不倦的行走,诸多细节让我感动,刻骨铭心。

移民搬迁已经过去了五十多年,对当事人而言,仍像发生在昨天。同行的老陈笑着说,他是最小的搬迁者。那时,母亲怀着他,挺着大肚子步行一百多里,到了他们的新家。

因为缺少交通工具,有的人依靠肩挑手提,步行完成了搬迁。搬不走的东西,只好忍痛割爱。后来有了新政策,有人选择了重回山里。①一位老姐姐说,她母亲裹着一双小脚,硬是走了一百多里,将一张八仙桌扛回了山里。回到山里,一切又要从头开始,没有房子,索性就住在树上。更多的人在山上搭起了草棚。一位大姐自豪地说,她哥哥就是在草棚里给她娶回的嫂子。

"但是,大家都很快乐。"大姐说,"那是暂时的,一切都会好起来的。"她的话感染了我。

是信念吗?还是对新生活的渴望和向往?大家一起向前走,不畏惧,不慌张。我采访的这些人,多是六七十岁,也有八九十岁的。说实话,每一个人,我都想拥抱他们一下,向他们表达我的敬意。

四

②《桂花王》主人公桂小香坎坷曲折的一生,贯穿了大别山近百年的每一天。她的父亲、弟弟和丈夫的选择与奋斗,表达了一个美好朴素的愿望。带着这样

❶ 过去,因为水灾的关系,无数大别山人离开了家乡,老姐姐的母亲的例子更反映出当时人们的艰辛和困难。

❷ 讲述了《桂花王》这本小说的主要情节,引出了下文对真实和虚构,历史和现在的讨论。

的愿望，桂小香、母亲、孩子们，带着对亲人的思念，翻过一座又一座山坡，涉过一个又一个泥泞，最终心想事成，抵达幸福生活的彼岸……

① 这是历史的本真。小说的这些人物，其实是真实的。真实的是人，虚构的不过是名字的符号化。

采访中，一位大娘的经历让我震撼。她的父亲参加了红军，后来做地下工作，失联了许多年。当她再见到父亲时，生活已经变成了另外的样子。

在靠近湖北的一个小镇，一位老大哥说起他失踪多年的爷爷，几十年后才弄清楚历史真相。这样的故事，我记了满满一大本。

革命斗争和社会变迁，让许多人的命运变得扑朔迷离。这构成了跌宕起伏的人物命运。

② 智慧和精彩多在普通人的生活中。我想，为人民写作的高旨，关键在于实践，在于落实，关键在于写作者的心扎根在哪里。

金秋又至，大别山上桂花香。

❶《桂花王》这部小说虽然有虚构的部分，但是里面这些人物是存在的，它反映的正是大别山人的奋斗史。

❷ 在普通人的生活中隐藏着许多精彩，需要落到实处，去感受，去体验，如果一味空想是写不出好文章的。

延伸思考

1. 文中讲述的大别山人具有怎么样的精神品质？

_____

_____

2. 因为水灾，大别山人集体搬迁，因为缺乏交通工具，人们得自己动手搬运，连房子也没了，但大姐为什么说"但是，大家都很快乐"？

_____

_____

3. 文中为什么要写到桂花王？

_____

_____

影子灯

名师导读

　　本文中，沈俊峰运用小标题的形式，借用"影子灯"讲述了两个有意思的小故事，带领我们回到过去的历史长河中。

灯一：狮子山

　　闲来无事，又看了电影《红河谷》。神圣的雪山是故事发生地的大背景。雪山是有神性的，当地人说话都不会大声，害怕惊扰了山神。这是人类对大自然的敬畏，也是人与自然和谐相处的前提。

　　① 看着雪山，我想到了家乡的狮子山。

　　这座狮子山也是有神性的。

　　脑海中常会出现这样的景象：暴雨凶猛，听不见个体的雨声，只闻铺天盖地的雨的合奏，瓢泼似的，哗哗啦啦，声音遮天蔽地，狮子山笼罩于烟雨中，变得模糊朦胧。午后，大雨停了，天空仍旧灰蒙蒙的，

　　① 此处为过渡段，作者从电影《红河谷》中的雪山联想到了自己家乡的狮子山，引出了下文对狮子山的描写。

还见不到太阳。此时，奇迹出现了，只见雪白的云团从狮子山的脚踝处蒸腾翻涌起来，像天地间掀起了一个巨大的锅盖，"蒸汽"翻滚着、飘逸着、蓬勃着，向着苍茫的天空，争先恐后，冲腾而上。狮子山裸露出来的山脚，成了一抹铁黑。乍看上去，黑白分明，气势凌天。

被云雾笼罩着的狮子山，承天接地，覆盖了半边天空，给人以惊天地泣鬼神般的震撼。奇怪的是，狮子山平时看上去离得还挺远，此时只觉得近在咫尺、伸手可触。

①第一次看见如此壮观的景象，我呆在那里，回不过神来。许久许久，才发现左邻右舍以及路上的行人，也都呆呆地看。那一个个像被电击中的神情，我至今难忘。狮子山在我心里，真的像电影中的那一座座圣洁的雪山，是有灵性的、不容亵渎的，它直接炙烤着我的灵魂，影响着、改变着我的认知。我甚至突然有了片刻的迷茫，是人改变了赖以生存的世界，还是这个赖以生存的世界改变了人呢？

②一个瘦削的老头定定地看着狮子山，不容置疑地说：这雨还得下。

果然，那个傍晚仍然是暴雨倾盆。

日子久了，我对狮子山的脾性渐渐熟悉了。狮子山就像一个晴雨计，如果蒸腾的云雾渐趋轻少，天色由暗转亮，天就会放晴，太阳就会出来。

晴天时，狮子山的腰上、顶上，会悠闲地升起一团团或一片片的白云，浓淡、大小、形状，随心所欲，变幻无穷，似被狂风、柔风随意撕乱揉碎了的雪白的

❶ 此处为侧面描写，通过描写"我"和左邻右舍、路上行人呆愣愣的反应，映衬出狮子山的景象壮观，震撼人心。

❷ 此处为语言描写，"不容置疑"一词表现出了这个老头的坚定和自信，也体现了他对狮子山的熟悉。

棉花。那些棉花或快或慢地飘远，或纹丝不动，根扎虚空，像池塘中安静的水草。

❶ 解释了狮子山的名字由来，描写出狮子山的外形特点，表现出了狮子山的壮观美丽，以及大自然的神奇。

①它像极了一头蹲卧在那里的雄狮，头、腰、腚、前爪、张大的嘴，皆神似。或许，这就是狮子山的来历，让人不得不惊叹大自然的鬼斧神工。

狮子山离我家其实不远，中间只隔着一些茶园漫山的山包包，还有稍显壮阔的桃源河。桃源河从我家墙头拐了一个大弯，然后折回头往狮子山奔去。我曾经顺河去看过狮子山，站在山脚下仰头望去，只觉得自己小得可怜，像一只小蚂蚁。望得久了，身子似在旋转，目光空洞迷离，有些恍惚与虚幻。

上学放学，天天看着狮子山。在我眼里，它是神秘的。②那些年，常常报道福建沿海抓特务的事，这让我们也提高了警惕，时常会发现狮子山的半山腰或山顶上有闪烁的灯光，有人怀疑那是特务的接头暗号。后来发现半山腰上住着几户人家，有人家就有灯光，不足为奇。至于山顶上的灯光，后来也明白了那是闪烁的星星。

❷ 过去有段时间，福建沿海抓特务，"我"便怀疑狮子山半山腰或山顶上的灯光是特务的暗号，表现出了"我"的天真、稚气。

有几次，当地公社的民兵去登狮子山，将红旗插在了山顶上。我们走在放学的路上，远远望去，红旗小得像一粒火柴头擦亮的耀眼的火。

天天看狮子山，关注狮子山，当然能发现它的丁点变化。③有一天，我们发现狮子山的肚子变得空旷了，像是被人剃掉了一层毛，光溜溜地裸露着。细辨才明白，山上的树、荆棘杂草正在被砍掉，土被挖开。那些天，坡地渐渐扩大，山坡上布满了星星点点的红旗和密密麻麻的身影。那片山坡变成了土黄色，变成了湿黑。

❸ 生动具体地写出了狮子山肚子部分变得光秃秃的样子，人们为了获得足够的粮食而费尽了心思，用尽了办法。

湿黑是那些无法搬走的大石头的颜色。被开垦出来的大片山坡地，不久便长出了稀稀拉拉的绿色。有人说，那是种的玉米，或是栽的山芋。我无法想象，那么高陡的山坡，种了玉米或山芋，该怎么浇水，怎么施肥。为了果腹的粮食，真是想尽了办法。

狮子山就这样"秃"了几年，后来又渐渐地绿了。绿了的山坡上，庄稼已无影无踪，碧绿的野生植物重新茂盛。像一个人剃了光头又长出了头发，再次俊朗起来。

① 去镇上，或来往学校，狮子山总是跟着我，像一个影子，走到哪它就跟到哪。有歌唱道"月亮走我也走"，现在却是"我走山也走"。在诸佛庵镇，狮子山成了一座标志性的山峰。

后来，我读了师范学校。学校坐落于淠河岸边，具体地说，是在狮子山的屁股后面。站在学校，能清楚地看见狮子山卧在那里，不过，只能望见它的脖子、背脊和尾巴，看不见狮子的脸。想家的时候，看看狮子山，想着狮子山那边的家，心里就会舒适许多。

师范毕业后，我在山里的一家军工厂工作了十年。工厂离狮子山不远，回家时能远远地看见狮子山，看见它的四季变化。在烈士纪念塔或河滩上照相，都会选狮子山做背景。我发现自己无法走出狮子山的视线。

② 后来，我调进城里，父母所在的军工厂也搬迁进了城，我便极少再回山里了，也就极少看见狮子山。但是，狮子山常会出现在我与亲友聊天的话语中，或者出现在梦里。

有一天，听说山里发现一个著名景点叫"睡美人"，

❶ 将狮子山比作影子，写出了狮子山总是跟随"我"的特点。而这恰恰表明狮子山的庞大。

❷ 后来，作者和父母都离开了山里，就很少看到狮子山了。但是"我"从没忘记狮子山，总会说起它，也总会梦见它。

甚是好奇。等到终于有机会回到山里，便兴冲冲地去观赏"睡美人"。

❶ 揭开了"睡美人"的真面目，原来它正是狮子山，引出了下文"我"再次和狮子山相遇的情景。

① 谁能想到，"睡美人"就是狮子山呢。

仍然站在师范学校那个位置，或者黑石渡大桥头，就能清晰地看见"睡美人"。想来真是惭愧，当年我经常遥望的狮子山，在别人眼里竟然成了"睡美人"。山还是那座山，心却是不同的。实在是我眼拙得厉害，竟然对"睡美人"视而不见。我承认自己缺乏审美能力，不过，也足见当时的心地单纯。

❷ 通过反问的形式解释了当年"我"没有发现狮子山就是"睡美人"的原因，也引出了下文对"美人"的描写。

② 心中无美人，眼中又怎会有美人呢?

如今，站在师范学校再看狮子山，已不是狮子山，活脱脱就是一个睡美人了。狮子的头顶和脖颈，成了美人的脸，狮子的脊背，是美人的胸脯，狮子的尾巴，变成了美人的身子，狮子的两条前腿，分明是美人如瀑的长发。晴天碧日，天色苍茫，这个惟妙惟肖的青春女子静静地躺卧在天地间，端庄秀丽，美撼心魂。

美人和狮子，就这样叠加于我的脑海。

❸ 作者引用诗句表现出了狮子山不同角度的美，从不同的角度看过去，狮子山的风景也不一样，美的感受也不一样。

③ 真是"横看成岭侧成峰,远近高低各不同"，看来，发现美，认知未知，是一个无穷尽的事。

埃及有狮身人面像，我们有大自然孕育出来的狮身美人像。

狮子山是一座有灵性的山。这是苍天赋予它的情感和灵性。山川河流、戈壁草原、高原雪山，甚至一草一木、一沙一石，皆是灵性具足。它们的存在，以不同的味道和气场赋予人，塑造着有情和无情的生命。

狮子山是我认知家乡的一个独有的密码。创作长篇小说《桂花王》时，狮子山便悄无声息地走进了小说。红军赤卫队的一场突围的大戏，理所当然地发生在这里。英雄为山河竟折腰。只是，故事中的狮子山，要比现实中的狮子山大了许多倍。那是我心中诗化的狮子山，是放大了的狮子山，也是放大了的故乡。

又想起了电影《红河谷》，想起了电影中那些神性的雪山。

灯二：仙人冲

①我在仙人冲生活了二十多年，离开的时候，已经二十八岁，女儿才两岁。所以，我对仙人冲的记忆，已经深刻至骨子里去了。遗憾的是，一直以为仙人冲不过就是个普通地名，没啥特别。再次回到山里，方知它的不凡。由此明白，对自然宇宙和人类历史的认知，都有一个不断深入与精进的过程。

❶ 作者简单介绍了自己和仙人冲的缘分，他在仙人冲居住了二十多年，印象格外深刻。引出下文对仙人冲的介绍。

比如这个仙人冲。

②仙人冲狭长不过十里，一条路，一条小河，蜿蜒曲折，并辔而行。从冲口往里走，山势渐险。两旁奇峰耸立，悬崖峭壁，怪石嶙峋，竹木聚幽。瞧瞧这一带地名，师祖岩、鬼门关、鬼推磨、棋盘岩、仙人裂（一线天），还有祥云寨、勒马岭、石门山，充满了神秘色彩，令人神思飞扬。

❷ 此处为环境描写，生动具体地写出了仙人冲的样子，通过奇峰、怪石、竹木、地名等表现出仙人冲神秘、美丽、令人向往的特点。

临近冲底，半山坡上有一座古老的佛心寺，掩映于苍松翠竹间，隐约可见。微风拂处，梵音缭绕，清凉寂静。

当年的"美帝""苏修"肯定想不到，有两家三线厂就建在这条冲里。选址于此，确是独具慧眼，太隐蔽了。

从冲口往里，厂房依次铺开，当地生产队也依次排列，银孔、吴家湾、黄龙岗……至冲底，青山四合，中间一片开阔地，聚宝盆似的，是军用化工厂。这条山冲，安居着来自五湖四海的两家军工厂的近万职工。

①那时候，觉得"仙人冲"带着浓浓的封建味儿，都不去深究，视若不见。

关于仙人冲的传说，是后来才了解的：一个汪姓青年上山打柴，在山顶遇见了两个须髯飘飘的老者正在下棋。汪青年好奇，便驻足观看。他看棋出了神，忘记了时间。待清醒过来回家，和蔼的老者赠送给他烧石的秘方。②汪青年携带着秘方欣然归家，发现小山村物是人非，一个人也不认识了。这位青年樵夫哪里想到，自己于山巅观棋片刻，人间已是匆匆百年了。那两位棋者，一是成仙得道的左元放（左慈），一是左慈的师兄弟。

神话或传说，真信的人不多，因此极少有人去琢磨，除了一些专职研究的学者。这个传说为什么会产生在这里，而不是在别处？在漫长的历史中，人类在与大自然的相依相存中，证悟得来的丝丝缕缕、点点滴滴的经验、智慧，应该会留下一鳞半爪的痕迹，或者说会有一个呈现的形式。比如说在大别山，土著山民的日常生活就带着许多远古的痕迹。

③历史上确有左慈其人。

左慈是道教丹鼎派的创始人，据说当年就在仙人冲修炼成仙，寿一百三十四岁。左慈之后，仙人冲的老百姓便以烧石灰为生存之道，此地也由此得名"仙人冲"。

①此处承上启下，解释了作者居住这么久却不了解仙人冲的原因，也引出了下文"仙人冲"这个名字的由来。

②汪姓青年只是看了一会儿棋，回家的时候却发现时间已经过去百年，可见山巅和人间时间的不同流速，体现了传说的神秘性。

③和上文成仙得道的左慈相照应，也许传说有虚构的成分，但是这其中也包含着历史的痕迹。

《后汉书》有一篇《左慈传》，文字不多，不妨照录如下：

左慈，字元放，庐江人也。少有神道。尝在司空曹操坐，操从容顾众宾曰："今日高会，珍馐略备，所少吴松江鲈鱼耳。"

放于下坐应曰："此可得也。"因求铜盘贮水，以竹竿饵钓于盘中，须臾引一鲈鱼出。操大拊掌笑，会者皆惊。操曰："一鱼不周坐席，可更得乎？"放乃更饵钓沉之，须臾复引出，皆长三尺余，生鲜可爱。操使目前脍之，周浃会者。

操又谓曰："既已得鱼，恨无蜀中生姜耳。"放曰："亦可得也。"^①操恐其近即所取，因曰："吾前遣人到蜀买锦，可过敕使者，增市二端。"语顷，即得姜还，并获操使报命。后操使蜀反，验问增锦之状及时日早晚，若符契焉。

后操出近郊，士大夫从者百许人，慈乃为赍酒一升，脯一斤，手自斟酌，百官莫不醉饱。操怪之，使寻其故，行视诸垆，悉亡其酒脯矣。操怀不喜，因坐上收，欲杀之，慈乃却入壁中，霍然不知所在。或见于市者，又捕之，而市人皆变形与慈同，莫知谁是。后人逢慈于阳城山头，因复逐之，遂入走羊群。操知不可得，乃令就羊中告之曰："不复相杀，本试君术耳。"^②忽有一老羝屈前两膝，人立而言曰："遽如许。"即竞往赴之，而群羊数百皆变为羝，并屈前膝人立，云"遽如许"，遂莫知所取焉。

大意是，左慈出席曹操的宴会，曹操说没有吴国

① 作者引用《左慈传》的内容生动地讲述了左慈和曹操之间的趣事，左慈一会儿的工夫竟然就到了蜀国，体现了他的神通广大。

② 老羊突然像人一样屈起前两膝站立，还会说人话，可见左慈手段的神奇，也表现出了他了自信和从容。

松江的鲈鱼，左慈便要了一只铜盘，贮水，钓出了一条三尺多长的鲈鱼。曹操说一条不够，左慈依法又钓一条。曹操说鱼有了，还没有蜀国的生姜佐味，左慈说这个不难。曹操怕他就近去取，说自己早已派人去蜀国买锦缎了，你顺便让他多买两端（一端为六丈）回来。左慈出门，不大一会儿便拿着生姜回来了，还对曹操说，自己在卖织锦的店铺里见到了曹操派遣去的人。曹操不相信，可是买锦缎的人回来真就多买了两端，还报告说，某月某日确实遇见一人，将曹操的指令传达给了自己。

① 这是不是神通？

曹操到近郊，陪同者有一百多人。左慈给大家送来了一坛酒、一斤肉，并且亲自斟杯，向每个官员敬酒，结果，那一百多人皆吃饱喝醉。曹操觉得奇怪，派人去调查，发现城里那些酒铺子所经营的酒和干肉，在他们出郊前全部丢失了。

曹操不悦，欲杀左慈。左慈隐入墙壁躲了过去。有人在街上见到了左慈，正要去捕他，只见满街的人都与左慈一模一样，不知哪个是他。有人在阳城山顶看见了左慈，左慈便逃进了羊群。曹操抓不住左慈，就让部下到羊群中告诉左慈说，不再杀你，不过是试试你的道术。② 听罢此言，一只老公羊屈起前腿，像人一样站起来说："何必忙乱成这样？"人们发现这只老公羊就是左慈，又去捉他，可是眨眼之间，数百只羊都变成了老公羊，皆屈前腿站立，都说："何必忙乱成这样？"左慈又乘机逃走了。

对于神通，凡人自然无法相信。毕竟是凡人嘛，

① 此处通过反问句增强语气，加强了表达效果，表现出左慈这个人的神奇之处，引人深思。

② 对前文的古文含义进行解释，使读者明白内容，同时加深印象。

196

习惯了"眼见为实、耳听为虚"。可是，这个世界上有许多事眼见不一定为实，耳听也不一定为虚。① 《黄帝内经》将人分为真至圣贤，对真人的描述是："提挈天地，把握阴阳，呼吸精气，独立守神，肌肉若一，故能寿敝天地，无有终时，此其道生。"至人是"游行天地之间，视听八达之外"……这些都不是凡人可以理解和到达的。凡人没有那样的能耐，也认识不到，甚至也想象不到，否则就不是凡人了。

人类所能认知的世界，还是极小的一部分。借助科学手段，正在慢慢揭开未知世界的面纱。比如说暗物质，比如说量子纠缠。再者，认知无止境，科学也是一个不断修正的过程。况且，认知世界除了科学，还有其他的方式，比如说中医。科学无法解释中医，中医却能治病救人。

② 我们对这个世界不知道的还有多少？

回答当然是：不知道。

所以，左慈的神通是真是假？我也只能说不知道。

后来，左慈为防曹操加害，躲进大别山，与几位同道修炼仙丹。左慈下棋的地方叫棋盘岩。棋盘岩之顶平削如台，危耸半空，棋盘上的纵横线条，至今清晰可见。

东晋葛洪在《神仙传——左慈》的结尾中写道："慈告葛仙公言：'当入霍山中合九转丹。'丹成，遂仙去矣。"

葛洪，就是那个说"我命在我不在天"的葛洪。

③ 文化的传承，一是靠书籍，二是靠书籍之外。可是，书籍之外是哪里呢？

新近读到印光大师的一段话："现今时值末法，僧

① 作者引用了《黄帝内经》中关于真人的叙述，体现了真人的神奇，可见世间有些事是无法用现有的科学去解释的。

② 此处采用了设问的修辞手法，通过自问自答的方式说明目前我们对世界所知甚少的道理。

③ 文化的传承依靠书籍，从书籍中我们可以了解过去发生的事情，找到历史的痕迹，但我们不能单单靠书籍。

多败类。只知着一件大领，即名为僧。僧之名义事业，多多了无所知。在俗之人有信心者，纵能研究佛法，终皆下视僧侣。其不信者，见彼游行人间，造种种业之僧，遂谓僧皆如是，佛法无益于国，有害于世。"

印光大师（1861—1940年）是对中国近代佛教影响最深远的人物之一，他的话让我想到，我们看到的有许多不一定为真，许多的真我们不一定能看到，只是，存在就好，总有一天会看到、会明白。

① 历史像影子，影子是一盏灯。

❶ 篇末点题，运用了比喻的修辞手法，将历史比作影子，影子比作灯盏，突出了历史能够引导人们的特点。

延伸思考

1. 全文采用了小标题的形式，说说这样有什么好处。

_____

_____

2. 作者为什么要花费大量的笔墨去写左慈的事情？

_____

_____

3. 作者为什么要写自己原先不了解仙人冲，后来才发现它的不凡的事情？

_____

_____

★参考答案★

第一辑　默化成树

【满楼灯火】

1.①看着爸妈或走或坐　②心慌，心急　③瞄着楼下大堂　④拨通家中电话　⑤喜极而泣

解析：这道题主要是考查学生对作品情节线索的掌握以及对人物情感的了解，回答该类题要认真浏览全文，熟识整篇文章的内容，可以把内容分为几个部分，仔细分析每个段落中对人物的刻画，围绕重点，寻找不同之处。可以从第⑦⑨⑫⑱自然段里找出解答。

2.（1）B　A　（2）A　B

解析：这类题型主要是考查学生扩写语句的能力，要结合完整的语言环境来分析。（1）综合第③段的第一句和第三句可以看出，这条道路上车辆比较多而且路口都没有红绿灯，故第一空应填B；从第⑨段可以看出，此刻天色已晚，故第二空应选A。（2）从第⑬段的第三句推断出，空白处的内容其实是为了描述花儿开放的景色，故选B，因此第⑥段空白处选A。

3.（1）运用了比喻的修辞方法，把自己心慌、无助的心理状态比作独处戈壁与海洋，生动形象地写出了寻不着父母的惊慌失措和忧惧。

（2）心理描写。描写自己的内心独白，充分吐露自己的心声，写出满心的后悔与自责。

解析：本题考查重点句子的赏析能力。一般来说，要求赏析的句子往往具有某一特色，修辞、表达方式等，要求学生结合具体语境灵活作答。解题思路是首先要知道语句的特色，其次根据语句的情境来具体分析，最后写出句子需要表达的效果。（1）第⑯自然段中的第一句使用的是比喻句，很好地诠释了"我"与爸妈走散的焦虑和惦记。（2）这句话写的是"我"的心理感受，以此表达了"我"对自己的做法那种内疚以及想要护卫爸妈的信念。点评：欣赏课文中运用比较好的句子，通常根据感受、方式和成效三种方式，但无论使用哪种创作方式，在解析成效的时候，都需要把人物的塑造和感情相结合，并且还要结合整篇文章来欣赏需要理解的语句。

4.运用了插叙，补充解释作者无法通过手机寻找他们；突出了父亲老迈、迟钝的形象，需要子女关心，便于展示作者后悔自责的内心世界；推动了情节的发展，铺垫了后文再次拨通了固定电话的情节。

解析：这道题是分别叙述文中情节时插入的其他情节的用意。插叙不仅能使文章特别充分，情境越发饱满，能够起到对重点事、重点人更好地点缀，使文章内容看着不那么死板，为下一段留下伏笔，填补的这句话写出了没有办法使用手机联络爸妈的缘由，刻画了爸爸的苍老，为后面联系到爸妈以后欣喜若狂的情感做了很好的铺垫。

5.总结全文，呼应标题；深化作者的思想情感，给人温暖的力量；以景抒情，含蓄蕴藉，余味无穷，增强了文章的感染力。

解析：自然段的用处一般分成构造以及内容两类：构造的用处通常是前后呼应、铺设下文、承上启下等，而内容一般则是突出中心思想、表达什么感情等等，整体来看，这段话概括了全文，与题目一呼一应，构造特别缜密，内容方面则体现出作者家庭的和睦融洽，突出了文章主题。

【默化成树】

1. 表达了作者对树木的喜爱，点题，引出下文。

2. 面对困难毫不畏惧，坚忍挺拔，默然向上，无怨无悔，不放弃，积极努力，自信，无畏，内心强大，奉献一生。

3. 引用手法，突出树无怨无悔、不争不抢的美好品质。

【今年三月三】

1. 作者以此为例，说明水和水之间是有区别的，解释了自己专门在这一天去采艾的原因。

2. "蒙蒙亮"一词表现出了时间还很早，从侧面写出了作者对采艾的迫不及待。

3. 作者领悟到要顺应大自然，运用天地之气才能健康。

【让时光朴素】

1. 现在食品的种类越来越多，口味越来越好，虽然有些东西吃多了会给身体造成负担，但很多人还是控制不住自己的口腹之欲。

2. 作者一方面担心人们借助外物太多，导致太懒散，一事无成；另一方面担心这会破坏自然环境。

3. 这句话有着承接上文，引出下文的过度作用。

【智慧有时就是简单】

1. 遵纪守法，坚守自己的内心，不被外在的物质所迷惑。

2. 此处采用了比喻的修辞手法，将《七发》比作晨钟暮鼓、人间药石，生动形象地阐述了《七发》对人的警醒作用。

3. 引用能够使文章更加可信，使作者的观点更有说服力，同时增加了语言的生动性和文章的可读性，让文章更有感染力。

【香染时光】

1. 香主要用于祭祀、宗教，祛邪避瘟，以气治病，陶冶身心，让人变得慈悲、无邪、不贪。

2. 行巧认为香只有和真正懂得香的人相结合才能发挥全部作用，一个不懂香文化的人是没有办法从香中受益的。

3. 香能够陶冶情操，洗去人心灵的污浊，"明德惟馨"的意思是说能够发出香气的是美德，而这正合乎香散发味道，使人变得美好的特点。

【坐这里看一年的雨】

1. 因为这里是个艺术部落，当年无数工人聚在这里为国家燃烧激情，接地气，能让"我"感受到熟悉的透气感，隐蔽、清净，风景也好。

2. 比如对他人的真心，对天地之间的感悟，对自然景色的欣赏，对自己的思考，等等。

3. "将脑袋清空"说明要抛弃杂念，清净心灵，而"装进别样的东西"是指放入对人生的思考，对四季、天地的感受，寻找自我的本心，等等。

【过年了】

1. 比喻的修辞手法，说明人生总会遇到寒冷，遇到困难和挫折，不会永远一帆风顺。

2.作者借歌词表达了自己不会向困难低头的决心，抒发了自己积极乐观、热爱生活的态度。

3.除夕是一年的最后一天，代表痛苦和困难，而立春是新的希望，说明经历了挫折，我们也能在挫折中看到希望和光明。

第二辑　龙港寻梦

【水】

1.望而生俱（无法亲近）（非常）庆幸

解析：留意这道题中的主要两个词语，"情感和直接"其实就是表达作者对水的情感的词，第一部分中第三段的最后一句和第四段，找到"亲近"和"望而生惧"解答。

2."不由得想起那个时候"表明儿时故乡的美好给作者留下的印象之深，"只能想起那个时候"表明作者对现实中故乡水环境变化的无奈与不满，美好不再，令人怀念。

解析：考验对文章里关键语句的解析，第二部分中第一段的第一句中的"不由得"大意是指忍不住，抒发了作者对以前和水相关的过往刻下的记忆。第二句中"只能"则重申了现代生活中家乡水的境况改变是多么的大，抒发了作者的无助和不悦。

3.示例："失去"的已经永远失去，怎么"怀念"也无法回到过去，我们唯一能做的，便是珍惜曾经的拥有和眼前的美好，不能等到失去之后才去珍惜与怀念，那样我们会失去更多的美好事物。

解析：考验对语句深厚寓意的认识。通常人们总是对从前美好的记忆充满怀念，可不管从前有多好都没办法再回到从前，人们只有爱惜从前拥有的以及现在得到的美好，珍惜现在，不要等丢失以后再去思念和惋惜，否则我们会丢失太多的美好。

4. 水是生命之源，如果没有了纯净的水，人类就会失去一切美好的事物，每天只能卑微地活着，甚至最终从地球上彻底消失。世界上最普通的东西，常常又是最珍贵最有价值的东西，例如水和空气，它是我们的生命之源，一旦失去，我们便会没有了生存的基础。

解析：自由想象类型的题，没有统一答案。根据文中的内容以及生活中的实际情况，想象合理。水原本就是人们依靠着生活的源泉，如果没有了水，人类的生活会变得非常困苦，没有水喝，不能用水煮饭，没有了水也不能洗澡，等等，而今，滥用水的局面非常严峻，人类又不关心，这样的话，将来人类定会因此付出惨痛的代价，到时候悔恨都没用了。

5. 老舍写水的片段，着眼于描写济南的水的清澈透明，突出济南的冬天温晴美好的特点，从而表现作者对济南的喜爱和赞美之情。本文第二部分写水，主要着眼于描写故乡的水的纯净及其美好的水环境给我的童年带来的快乐，表现作者对童年时故乡纯净美好的水环境的怀念，从而凸显对农村经济发展中生态环境遭到破坏与污染的强烈不满和深深忧虑。

解析：文章选自《济南的冬天》，描述的是济南这个城市冬季水的特点，这里的水清凉、透彻且温和，突出这个城市冬天的美好特征，表达了作者的喜爱以及赞许的情怀。文中第二自然段描写了作者在有水的家乡，年少时那种自由自在、开心快乐的时光，而如今水被污染，表明了作者对从前那种水的美好以及童年生活的想念，以及对现实水环境的不满以及深沉的忧愁。

【到永和看黄河】

1. 此句看似在说黄河的奔腾，其实是在说过去的中国人民在绝境中想要寻找到一条正确的道路时的慌张和急迫，甚至为此不惜牺牲自己的性命。

2. 七道湾弯弯曲曲，是黄河水冲刷、撞击下形成，正如同我们的先辈在绝境中左右抗击，以寻求一条正确的路。

3. 这些石头经历了无数次的冲刷，长年累月下来才变得如此圆润，这样的抗争精神令人敬畏和感动。

【福鼎拾爱】

1. 那里的石头光滑圆润，抱成一团，十分团结，颇有气势；偶尔零散的石头便格外锋利。

2. "我"顿了顿脚下，表示这地方的白茶更是极好，是在夸赞茶姑娘的茶。

3. 作者住的地方远离大海，这次离大海这么近，亲自感受到海的辽阔和磅礴，异常激动。

【行走大别山】

1. 通过列数字，使文章更加准确、生动、科学、具体，增加了文章的可信度和说服力。

2. 主要讲述了大别山发生的战争，霍山、金寨、舒城三县修建水库工程。

3. 作者通过对比表达了对大别山人的付出的敬佩，对革命先烈的尊敬，说明他们的付出没有白费，如今终于得到了回报。作者借此告诚人们珍惜新生活，不忘初心。

【再登白马尖】

1. 通过环境描写介绍白马尖的景色，增加真实性，烘托了作者愉悦的心情。

2. 作者想通过身边的例子告诉大家做什么都不要怕晚，只要去做了就会有所收获。

3. 1777米是山的高度，爬山的人只能爬到这个高度，但是我们的心灵却是没有限制的，只要我们愿意去做，那么就没有终点。

【龙港寻梦】

1. 此处为引用的修辞手法，生动形象地写出了白沙河的美丽，小桥、流水、人家，使文章更加生动，富有诗意的美感。

2. 表现出了龙港人勇敢、大胆，敢于拼搏，敢于创新的精神。

3. 主要讲述龙港的历史、龙港的河流和龙港的月亮。

【南丰缘】

1. 当时大家被分配到外地，在这个狭小的地方感到苦闷、压抑，看不到光明和希望，不知道出路，文学是一种精神寄托，令人能够有目标，有抒发情绪的地方。

2. 作者年少时被分配到外地，第一次吃到了小橘子，后来他到南丰采风，发现这小橘子正是南丰特产。他初学写作，挖掘家乡名人，熟悉了欧阳修和曾巩，而曾巩正是南丰人。

3. 照应前文，和前文相互呼应；总结全文；篇末点题。

【晓月照卢沟】

1. 不忘历史，牢记历史，充实自己，为祖国的强盛而努力。只有国家强，才不会被看轻，人们才能安居。

2. 因为冰心的父亲经历过甲午海战，冰心每次写到甲午海战就感到痛苦万分，加上身体年迈，根本承受不住。

3. 作者再次引用牛广进的《卢沟桥》中的诗句，与开头相互照应，这里的雄狮指中国人民，表现了在经历了沉痛的历史，人们已经觉醒。

【清水·名茶·古镇】

1. 三个"十万"表现出大别山人民过去艰辛的奋斗历史，表现出大别山人民热爱祖国、无私奉献、踏实肯干、听从指挥的美好品质。

2. 陈站长先说中国十大名茶，引出话题，同时也表现出六安瓜片在茶中的重要地位和受欢迎的程度。

3. 运用了拟人的修辞手法，生动形象地写出了快艇在水中飞速行驶的场景，使人身临其境。

第三辑　最美的笑容

【在城里放羊】

1. 作者在文章开篇细致描写了园子中的林地，借树喻人，不仅突出了松树顽强的生命力，而且反映出作者的内心世界。

2. 羊群的出现不仅勾起了作者小时候帮家里放养的回忆，而且让作者明白了自己对家乡的怀念从未消失。

3.作者用反问的句式巧妙地回答了前面的问题，同时运用比喻的修手法辞，将心和目光比作温柔的鞭子，生动形象地表现出了作者对放羊和生活的感受。

4.①到河边、园子散步，内心得到宁静；②从城市里吃草的羊身上感受到安详与悠闲；③怀念家乡，回忆过去的生活，寻找逝去的温情。

【娘在家里儿在外】

1.因为"我们"希望和丈母娘联系，聊聊最近的情况，得知她最近的病情，但又担心听到她病情不好的消息。

2.因为女儿听到这个消息十分震惊和难过，以至于不知道该说些什么，只能极力压制自己的难过，回房间独自消化。

3.其实父母未必一切都好，我们可能也有事情，但是大家都希望对方安心，不要担心自己，所以都回答"平安"。

【送您一束康乃馨】

1.因为家乡忘生不过生的说法，大家都不过生日。

2.母亲教会"我"要去爱生命中的事物，用心去做每一件事情，那么我们所做的事情就是有意义的。

3.在一年四季中，春天播种秋天就能收获，而人生也是如此，年幼时接受教育，长大了便得到了知识。母亲因为小时候没能受到好的教育，所以后面便有些难以弥补。

【那一次故乡行】

1.从这句话可以看出"我"已经许久没回老家，所以对此时的家乡感到陌生，也表现了家乡的变化之大。

2. 一个人可以富贵，可以变得有权，但是一定不能忘本，不能忘记家乡和内心的朴素。

3. 篇末总结全文，升华主题。

【活出三辈子】

1. 作者并不愿意承认自己已经年迈，而"姥爷"的称呼却提醒着他这冰冷的现实。这句话通过"沼泽地""雪花"细腻生动地写出了此时他的痛苦和想要逃避却无法躲开的心理。

2. 当父亲的时候，第一次照顾孩子，总有些手忙脚乱，有些事情总没有做好；而当姥爷的时候，变得更加从容，充满喜悦。

【父母是孩子的一座庙】

1. 这句话采用了比喻的修辞手法，将女儿出嫁的日子比作路上遥远的灯光，显得格外形象生动。当女儿出生的那一天，"我"便知道会有出嫁的一天，但因为太过遥远，而没有在意，此时才会感到突然。

2. 不管是女儿亲自写请柬，还是女儿精心准备答谢礼物都体现了她对这场婚礼的重视和期待，表现出了她对未来的憧憬。

【清风掠过】

1. 对文章情节进行补充，突出了爷爷的形象，使文章更有条理，结构更加紧凑，避免了平铺直叙。

2. 此处用挂鞭的响声反衬出了地头的安静，天地之间苍茫一片，只有那局促的炮响，渲染了苍凉的气氛。

3. 在作者眼中，爷爷是个地道的农民，但他与别人不同的是，他上过私塾。

【最美的笑容】

1. 写出了和县的风采，增添了文章的生动性和感染力，表现出了作者身后的文化底蕴，起到了画龙点睛的作用。

2. 这笑容是对敌军的蔑视，是对死亡的不惧，是对威胁的不屈，表现出了她的从容和冷静。

3. 这段文字介绍了照片的内容，写出了日军的恶毒狡诈，也表现出了女英雄的从容不迫。

【先烈家书抵万金】

1. 表现出查茂德小小年纪就聪明懂事、小心谨慎的性格。

2. 小查茂德这么做是为了让自己看起来和平常一样，不引人注意，好给自己参加红军提供机会。

3. 介绍了当地的环境，作为文章的线索，使文章更加连贯，推动情节发展。

【假如可以再生，我仍选择中国】

1. 邓稼先是个一心为国，无私奉献的人。他有着顽强的意志和高度的责任感，宁愿忍受着病痛也要把建议书完成。

2. 此处采用了排比的修辞手法，通过三个"不仅……还……"的句式写出了许鹿希的经历，写出过去中国落后时的境况，表现出许鹿希女士希望国家富强的期望和对邓稼先的支持。

【西 瓜】

1. 因为三老爷种西瓜，结果因为听信了公社干部的话导致瓜全烂的事情给"我"留下了深刻印象，一看到西瓜，"我"就会想起三老爷。

2. 从"满脸阴沉""一声不吭"可以看出三老爷的内心格外绝望和痛苦，但哭累了后他还是要继续生活，"慢慢"更是表现了他的无奈和压抑。

3. 此处采用了比喻的修辞手法，河水黑，一如"我"沉郁的心情；河水的流动，也表明了"我"内心的波动，表现了"我"的悲伤。

第四辑　闭门问春

【花开君子兰】

1. 心下欢喜；生出怜爱之情；心生敬意；感佩不已。

2. 作者买君子兰的原因主要有两个，一是听到它的名字，比较心动。二是店家只要十元钱，作者觉得物有所值。所以就把君子兰带回了家。

3. 作者喜欢这盆君子兰，主要是因为君子兰身上所表现出来的君子的品质。从它的身上，作者看到了生命绽放的绚烂，即使身处劣境，地处贫瘠，也没有丝毫的气馁和挫折感，仍旧傲然挺立，有着傲然的气节和风骨。

4. 胡杨树是全世界最古老的杨树，它的最主要的特征是具有非常强大的生命力，能够忍受极端恶劣的生存环境。被称为"大漠中的英雄树"。胡杨树"一千年不死，一千年不倒，一千年不朽"，说的是它可以生存一千年不死，死之后一千年不会倒下，倒下之后一千年不会腐朽，充分说明了胡杨树强大的生命力。

【夜】

1. 因为作者忙于生活和工作，没有时间抬头看看黑夜，偶尔出去，灯光太亮，把黑夜的美遮盖了。

2. 在安静的夜晚，时间是属于"我"自己的，"我"可以修复心灵的创伤，也可以尽情做自己想做的事情，一切都是自由的。

3. 黑夜宁静，能让我们的思绪无限散发，会产生很多奇思妙想。黑夜能让人摆脱世俗烦恼，寻找自我和本心。

【看夕阳】

1. 通过对比的修辞方法，表现出了两种截然不同的人生态度。每个人都会遇到问题和挫折，但积极的态度无疑会让人生更加快乐。

2. 不会。作者这么写，显得更加真实生动，令人印象深刻。同时通过层层递进的方法，令人感同身受。

3. 夕阳其实一直都是这么美，但如果我们静不下心，便欣赏不到它的美；只有静下心来，细细体会，才能感受到它的美。

【暗 流】

1. 汉子打电话向来是温温柔柔的，这次急躁也是为了妻子的身体着想，表现出他对妻子的关心和爱意。

2. 老太太的儿子也是关心老太太的，老太太病了他也担心，但是他更在意金钱，话虽然说得很好听，但却句句离不开钱。

3. 冰山浮在海面的部分不过是冰山一角，更多的都在看不见的海里。生活也是一样，我们看到的只是一小部分，还有很多我们是看不到的。

【沉　吟】

1. 有，总计价值几千万元的酒厂却被零资产改制，而且宣布得很突然，第二天银行不开门，大家都没办法，有人却提前准备好了资金。

2. 虽然因为四十一年前的事情，"我"和桑建敏之间有了联系，但是"我"和她从没见过，所以"我"不知这算不算认识。

3. 因为命运没有假如，谁也说不好如果当初改变了选择会怎么样，所以"我"无法回答桑建敏，只能用反问告诉她人生的无常。

【大别山上桂花香】

1. 大别山人善良纯朴，吃苦耐劳，坚强勇敢，以国家大义为重，不怕苦，不怕累。

2. 因为大家心中满怀希望，大家相信靠着自己的努力，未来会越来越好，一切的困难只是暂时的。

3. 桂花王历经风雨却坚强不屈，充满睿智却沉默不语，而这正是大别山和大别山人的精神品质。

【影子灯】

1. 将本篇内容进行分类，能更好表达主题；更加吸引读者，给读者留下深刻印象；方便读者在阅读前对文章内容有所了解，了解作者的写作意图。

2. 作者通过左慈的例子，告诉人们世界是庞大的，目前我们所了解的世界只不过是其中微不足道的一部分，认识是没有止境的。

3. 为了提出自己的观点：人们对世界的认知是不断加深的，引出下文。

― 中高考热点作家 ―

中考热点作家

序 号	作 者	作 品
1	蒋建伟	水墨色的麦浪
2	刘成章	安塞腰鼓
3	彭 程	招 手
4	秦 岭	从时光里归来
5	沈俊峰	让时光朴素
6	杜卫东	明天不封阳台
7	王若冰	山水课
8	杨文丰	自然课堂——科学视角与绿色之美
9	张行健	阳光切入麦穗
10	张庆和	峭壁上，那棵酸枣树

高考热点作家

序 号	作 者	作 品
1	王剑冰	绝版的周庄
2	高亚平	躲在季节里的村庄
3	乔忠延	春色第一枝
4	王必胜	写好你心中的风景
5	薛林荣	西魏的微笑
6	杨海蒂	北面山河
7	杨献平	人生如梦，有爱同行
8	朱 鸿	辋川尚静